本书为国家社科基金青年项目《基本公共服务的配置结构、决策参与与农民工公平感关系研究》（项目批准号：14CSH034）的最终成果。

光明社科文库
GUANGMING DAILY PRESS:
A SOCIAL SCIENCE SERIES

·法律与社会书系·

基本公共服务配置与农民工公平感提升

——社会比较的视角

郝身永 | 著

光明日报出版社

图书在版编目（CIP）数据

基本公共服务配置与农民工公平感提升：社会比较的视角 / 郝身永著 . -- 北京：光明日报出版社，2022. 7

ISBN 978 - 7 - 5194 - 6707 - 4

Ⅰ. ①基… Ⅱ. ①郝… Ⅲ. ①公共服务—资源配置—研究—中国②民工—研究—中国 Ⅳ. ①D669. 3 ②D669. 2

中国版本图书馆 CIP 数据核字（2022）第 118803 号

基本公共服务配置与农民工公平感提升：社会比较的视角

JIBEN GONGGONG FUWU PEIZHI YU NONGMINGONG GONGPINGGAN TISHENG：SHEHUI BIJIAO DE SHIJIAO

著　　者：郝身永

责任编辑：刘兴华　　　　责任校对：李　兵
封面设计：中联华文　　　责任印制：曹　净

出版发行：光明日报出版社
地　　址：北京市西城区永安路 106 号，100050
电　　话：010-63169890（咨询），010-63131930（邮购）
传　　真：010 - 63131930
网　　址：http：//book. gmw. cn
E - mail：gmrbcbs@ gmw. cn
法律顾问：北京市兰台律师事务所龚柳方律师

印　　刷：三河市华东印刷有限公司
装　　订：三河市华东印刷有限公司
本书如有破损、缺页、装订错误，请与本社联系调换，电话：010 - 63131930

开　　本：170mm×240mm
字　　数：174 千字　　　印　　张：15
版　　次：2022 年 7 月第 1 版　　　印　　次：2022 年 7 月第 1 次印刷
书　　号：ISBN 978 - 7 - 5194 - 6707 - 4

定　　价：95. 00 元

序　言

呈现在读者面前的这本书，是郝身永副教授在国家社科基金项目研究的基础上完成的。细读这本书，有两个方面尤其令我印象深刻。

其一是本书的主题，聚焦基本公共服务的配置与农民工的公平感。农民工是中国改革开放进程中出现的独特现象，为中国经济社会发展做出了重要贡献，在渐进式改革进程中，分享改革发展收益的同时也出现了“半市民化”现象。正如作者所说，在农民工进城务工时，出现了或自愿或无奈地通过“空间替代”方式享受某些基本公共服务的情况。关注这一群体的公平感状况，研究他们对基本公共服务的需要和诉求，提出相应的政策建议，体现了浓厚的人文关怀。

其二是本书对公平感形成机制的理论剖析。作者认为公平感是个人“实得”与基于社会比较所形成的“应得”的比较，这深受卡尼曼、塞勒等行为经济学经典作家和“参照系理论”“不均等厌恶”“损失规避”等经典理论和实验发现的影响和启发。行为经济学的兴起及其对新古典经济学的拓展，是当今西方经济学主要流派演变的重要趋势，这一趋势的形成，则是源于它突破了新古典经济学行为主义研究框架的局限，为修正新古典理性经济人模型提供了心理学、神经科学、认知科学等自然科学基础，其实这也是它能够获得强大解释力的根本原因。研究农民工的公平感，显然不能把他们视为偏好同质的、不变的“经济人”。如果说行为经济学的理论被广泛应用于解释纷繁复杂的经济现象和经济行为，本书则尝试用行为经济学的理论去分析和解释行为人的主观感知，但有一点是共通的，即均是突破了对行为人片面化、同质化的机械式设定，而这恰恰是理论分析具有说服力的基本前提。作者在分析农民工关于“应得”的信念时，把农民工视为一个活生生的“社会人”，在时代的变迁中，他们的务工领域、受教育程度、代际结构、权利意识、发展意愿等都在不断变化，正是这些变化，塑造了他们身份认同的转变——越来越认同自己的“城里人”身份，进而又影响了他们的比较对象和对于基本公共服务的“应得”水平。这其实也正符合马克思关于人的本质的科学论断，即“人的本质不是单个人所固有的抽象物，在其现实性上，它是一切社会关系的总和”。

不过，要指出的是，近年来，我们国家积极实施乡村振兴战略、新型城镇化战略，建立健全城乡融合发展体制机制和政策体系，着力破解城乡二元体制，积极推动基本公共服务均等化，城乡融合发展卓有成效。在日新月异的变化中，农民工群体的身份认同、比较对象、公平感知等究竟发生了什么样的变化，需要持续跟踪研究，而郝身永的书从课题立项至今，已过去了好几年，这不能不说是一种缺憾和不足。反过来讲，正是剧烈的经济社会变迁为社会科学的研究提供了丰富的场景，希冀作者能够持续开展农民工公平感的研究，进一步验证、修正、完善书中提出的理论假设。

贺京同

2021 年 9 月于南开园

本书所用数据的说明

本研究综合运用了多个调查数据，并且在书中多次出现，交互使用，因此，先在此逐一说明。

1. 中国综合社会调查。中国综合社会调查的官方网站对中国综合社会调查做了详细的介绍。中国综合社会调查（Chinese General Social Survey，CGSS）始于2003年，是我国最早的全国性、综合性、连续性学术调查项目，由中国人民大学中国调查与数据中心负责执行。CGSS系统、全面地收集社会、社区、家庭、个人多个层次的数据，总结社会变迁的趋势，探讨具有重大科学和现实意义的议题，推动国内科学研究的开放与共享，为国际比较研究提供数据资料，充当多学科的经济与社会数据采集平台。目前，CGSS数据已成为研究中国社会最主要的数据来源，广泛地应用于科研、教学、政府决策之中。笔者感谢中国人民大学中国调查与数据中心提供数据协助，本书内容由笔者自行负责。

中国综合社会调查（CGSS）2015年数据于2018年1月1日在中国国家调查数据库（CNSDA）的官网上发布，是我们研究时能够应用的最新数据。我们书中主要用到了2013年和2015年的数据。

自2003年以来，CGSS使用了三套不同的抽样方案：2003—

2006抽样方案、2008实验性抽样方案、2010抽样方案。这三套抽样方案从原则上都采用多阶分层PPS随机抽样，但在所基于的抽样框、分层变量、抽样阶段上有所不同，以求最有效地代表中国社会的各方面情况。

2003—2006方案全国共计抽取125个区县（初级抽样单元），500个街道数与乡镇，1000个居委会与村委会，10000名个人，最终抽样单元中城市样本与农村样本的对比为5900：4100。

2013年CGSS调查在全国一共抽取了100个县（区），加上北京、上海、天津、广州、深圳5个大城市，作为初级抽样单元。其中在每个抽中的县（区），随机抽取4个居委会或村委会；在每个居委会或村委会又计划调查25个家庭；在每个抽取的家庭，随机抽取一人进行访问。而在北京、上海、天津、广州、深圳这5个大城市，一共抽取80个居委会；在每个居委会计划调查25个家庭；在每个抽取调查的家庭，随机抽取一人进行访问。这样，在全国一共调查480个村/居委会，每个村/居委会调查25个家庭，每个家庭随机调查1人，总样本量约为12000。

2015年CGSS项目调查覆盖全国28个省/市/自治区的478个村居，经统计，共完成有效问卷10968份。

2. 农民工监测调查报告。为准确反映全国农民工规模、流向、分布、就业、收支、生活和社会保障等情况，国家统计局2008年建立农民工监测调查制度，在农民工输出地开展监测调查。调查范围是全国31个省（自治区、直辖市）的农村地域，在抽取的调查区（县）再抽取一定数目的调查村，从调查村中抽取一定数目的农村劳动力进行调查。由于是抽样调查不是普查，所以，后续关于全国农民工的数据是基于抽样调查进行的统计推算。不过由于样本量比较大，抽样方法科学，统计推算的结果是可信的。调查采用入户访问调查的形式，按季度进行。每年抽取的调查区（县）、调查村、调查的农村劳动力数目会有所变化。例如，2011 年抽取了 899 个调查县、7500 多个村和近 20 万名农村劳动力。2012 年没有做出具体说明。2013 年，在 1527 个调查县（区）抽选了 8930 个村和 23.5 万名农村劳动力作为调查样本。2014 年与 2013 年保持一致。2015 年，在 1527 个调查县（区）抽选了 8906 个村和 23.6 万名农村劳动力作为调查样本。2016 年与 2015 年保持一致。2017 年，在 1527 个调查县（区）抽选了 8890 个村和 23.7 万名农村劳动力作为调查样本。监测报告自 2009 年开始对外发布，每年一次，持续至今。我们利用了 2008—2019 年公布的历年监测调查报告。本书撰写中，2020 年的农民工监测调查报告已发布，但我们基本没有利用 2020 年的数据，主要是 2020 年遭遇新冠疫情，对经济社会带来非常态冲击。

3. 第五次和第六次国家卫生服务统计调查。自 1993 年开始，我国每 5 年在全国范围内开展一次国家卫生服务调查，这是我国规模最大的居民健康询问调查，是通过深入居民家中全面获取居民健康状况、卫生服务需求及利用信息的综合性调查。我们利用了 2013 年第五次国家卫生服务调查和 2018 年第六次国家卫生服务统计调查的部分数据。

4. 审计署于 2013 年 5 月 3 日公布的《1185 个县农村中小学布局调整情况专项审计调查结果》。2012 年 5 月至 8 月，审计署组织对 27 个省（自治区、直辖市，以下统称省）所辖的 1185 个县（市、旗，以下统称县）2006 年以来义务教育阶段农村中小学布局调整情况进行了审计调查，重点调查了 25 127 所学校（其中，初中、小学分别为 6910 所和 18 217 所，寄宿制、非寄宿制学校各有 12 533 所和

12 594 所)、涉及在校学生 1705.28 万人，分别占这些学校总数、在校学生总数的 13%和 25%，实地走访走读、寄宿、辍学等学生 81.99 万人。

5. 研究中，我们在上海、杭州、郑州、南京等地发放问卷进行调查，主要是利用熟悉的人进行调查，然后由其找身边熟识的人滚雪球式发放问卷。还到一些小区、理发店、饭店等向保安、服务员等发放问卷。共发放问卷 700 份，有效问卷 695 份，有效率为 99.3%。

在有效的 695 份样本中，共有男性 386 位，女性 309 位，分别占 55.54%和 44.46%。从年龄分布看，1980 年以前出生的有 215 位，占 30.94%，80 后（1980—1989 年）有 229 位，占 32.95%，90 后（1990—1999 年）有 196 位，占 28.20%，00 后（2000 年及以后）共 55 位，占 7.91%。按新生代农民工的通常划分标准，则老一代农民工占 30.94%，新生代农民工共有 480 位，占 69.06%。

从学历看，初中或初中以下的有 302 位，占 43.45%，高中或相当于高中（中专等）的有 212 位，占 30.50%，大专或大专以上的有 181 位，占 26.04%。

从务工的城市看，根据城市等级和规模，北京、上海、广州、深圳归为一类，共有 90 位，占 12.95%；杭州、苏州、天津、武汉、郑州、长沙、南京、沈阳、大连、厦门、宁波、无锡、重庆、成都、西安归为一类，共有 268 位，占 38.56%；其他城市归为一类，共 337 位，占 48.49%。

其他一些数据来自统计年鉴等正式出版物，已在书中逐一注明。

目 录

CONTENTS

第一章　问题意识与逻辑框架

第一节　问题意识之一：农民工公平感的现状与提升

党的十八大以来，党和国家把促进社会公平正义提到了一个新高度。党的十八大报告指出，公平正义是中国特色社会主义的内在要求，提出要“深化行政审批制度改革，继续简政放权，推动政府职能向创造良好发展环境、提供优质公共服务、维护社会公平正义转变”。公平正义涉及许多领域，教育、医疗卫生、养老等领域是重中之重，教育方面，十八大报告指出，“大力促进教育公平，合理配置教育资源，重点向农村、边远、贫困、民族地区倾斜，支持特殊教育，提高家庭经济困难学生资助水平，积极推动农民工子女平等接受教育，让每个孩子都能成为有用之才”，这其中特别提到了“积极推动农民工子女平等接受教育”。十八大报告还提出，要“加快改革户籍制度，有序推进农业转移人口市民化，努力实现城镇基本公共服务常住人口全覆盖”。

党的十九大同样十分重视社会公平正义问题，重申要“不断促进社会公平正义”，提出“完善公共服务体系，保障群众基本生活，不断满足人民日益增长的美好生活需要，不断促进社会公平正义”。“必须始终把人民利益摆在至高无上的地位，让改革发展成果更多更公平惠及全体人民”。“使人民获得感、幸福感、安全感更加充实、更有保障、更可持续”。十九大报告提出，“坚持在发展中保障和改善民生”。具体而言，“在发展中补齐民生短板、促进社会公平正义，在幼有所育、学有所教、劳有所得、病有所医、老有所养、住有所居、弱有所扶上不断取得新进展，深入开展脱贫攻坚，保证全体人民在共建共享发展中有更多获得感，不断促进人的全面发展、全体人民共同富裕”。保障和改善民生主要就是教育、就业、医疗、居住、社会救助等方面的基本公共服务。特别是，党的十九大作出了中国特色社会主义新时代我国社会主要矛盾发生转变的重要判断和论断，即社会主要矛盾转化为人民日益增长的美好生活需要与发展不平衡不充分之间的矛盾。一方面，美好生活的需要除了对物质和文化生活提出了更高的要求，而且在民主、法治、公平、正义、安全、环境等方面的要求也日益增长，公平、正义是美好生活需要的重要构成；另一方面，发展不平衡不充分已经成为满足人民日益增长的美好生活需要的主要制约因素，而基本公共服务在城乡间、农民工和城市户籍居民间的不均等、不公平状况，是发展不平衡不充分的重要表现。

反观现实，农民工的公平感还有待提升。本课题组调查了农民工对公共服务是否公平的评价，在有效的695个样本中，认为“很公平”“比较公平”“一般”“不太公平”和“很不公平”的样本量依次为140、183、218、102和52个，分别占总样本的20.14%、26.33%、31.37%、14.68%和7.48%。认为“很公平”和“比较公平”的合计占46.47%，接近50%，相比人们对农民工在务工城市受到歧视的刻板印象，农民工的公平感已经有较为明显的提升，不过，认为“不太公平”和“很不公平”的合计有154位，占22.16%，仍有较大的提升空间。

CGSS2013和CGSS2015都调查了受访者的公平感知，询问受访者“总的来说，您认为当今的社会公不公平”，被调查者在“完全不公平”“比较不公平”“说不上公平但也不能说不公平”“比较公平”和“完全公平”间进行选择。以CGSS2013为例，对农民工群体来说①，在1396个有数据的样本中，从“完全不公平”到“完全公平”，频数分布依次是122、450、377、425、22，频率分布依次是8.74%、32.23%、27.01%、30.44%和1.58%。可见“完全公平”的占比极少，“比较公平”和“完全公平”的合计有32.02%，“完全不公平”和“比较不公平”的合计有40.97%，比例较高。

表1.1 农民工、农民和市民公平感比较

数据来源	群体类别	完全不公平	比较不公平	说不上公平但也不能说不公平	比较公平	完全公平	样本量
CGSS2013	农民工	8.74%	32.23%	27.01%	30.44%	1.58%	1396
	农民	5.54%	25.33%	21.85%	43.18%	4.10%	5436
	市民	9.20%	31.55%	24.47%	32.62%	2.15%	4564
CGSS2015	农民工	7.52%	24.83%	23.48%	42.00%	2.18%	2155
	农民	5.08%	19.75%	20.75%	49.64%	4.78%	4728
	市民	5.35%	23.63%	23.52%	45.17%	2.33%	4000

① 受访者身份识别具体参见本书第四章第一节。

针对 CGSS2013 调查，从群体间公平感的比较看，农民工和市民群体间公平感更接近，农民工群体的公平感稍弱。市民群体觉得“完全不公平”和“比较不公平”的合计有 40.75%，认为“比较公平”和“完全公平”的合计有 34.77%。农民工群体觉得“完全不公平”和“比较不公平”的合计有 40.97%，认为“比较公平”和“完全公平”的合计有 32.02%。相对而言，农民群体整体的公平感更高，认为“比较公平”和“完全公平”的合计有 47.28%，比农民工群体高 15.26%，比市民群体高 12.51%。认为“完全不公平”和“比较不公平”的合计占 30.87%，比农民工群体低 10.1%，比市民群体低 9.88%。从数据对比看，农民工群体的公平感整体最弱，均值为 2.84，市民群体公平感次之，均值为 2.87，农民群体的公平感相对最强，均值为 3.15。

表 1.1 中，我们还整理了 CGSS2015 调查的各群体的社会公平感数据。因为调查问卷设置的缘故，导致我们对 CGSS2013 和 CGSS2015 两次调查受访者身份的识别和界定略有差别，又考虑到 CGSS 的调查不是面板数据，严谨起见，我们不进行纵向比较，主要在群体间进行横向比较。对比发现，仍然是农民工群体的公平感最弱，“完全不公平”和“比较不公平”两种公平感知的占比是 32.35%，市民群体的相应占比为 28.98%，农民群体的相应占比为 24.83%，分别比市民群体和农民群体高 3.37%和 7.52%。农民工认为“比较公平”和“完全公平”的比例均低于农民和市民对应评价的占比，合并看，农民工认为“比较公平”和“完全公平”的占 44.18%，市民和农民认为“比较公平”和“完全公平”的分别为 54.42%和 47.50%，前者比后两者分别低 10.24%和 3.32%。从均值情况看，农民工、农民和市民群体社会公平感的均值依次为 3.06、

3.29 和 3.16，农民稍强，市民次之，农民工最弱。

公平感研究中，部分学者从“结构决定论”视角出发研究公平感的决定，基于自利理论的结构决定论认为，人们的社会公平感是由他们所处的社会经济地位或社会阶层决定的，二者呈正相关关系，社会经济地位越高，公平感越强，反之则相反。社会经济地位有不同的操作化指标，研究中主要用收入、职业地位、受教育程度等进行单维度或多维度测量，实际上这些指标均具有一定的正相关性，有时候相关度还很高。以收入为例，CGSS2013 调查了受访者 2012 年全年的总收入情况，有意思的是，农民工的平均收入最高，均值为 37815.2 元，市民群体次之，均值为 33905.62 元，农民群体最低，均值为 23814.43 元。我们同时根据 CGSS2015 考察个人 2014 年全年的总收入情况和社会公平感情况。关于收入，排除掉“不适用”“不知道”和“拒绝回答”，以及年收入大于 100 万元的极端值（共 6 个样本），以及社会公平感“无法回答”的情况。统计见表 1.2。

表 1.2　同样本情况下各群体的年收入与社会公平感比较

数据来源	群体类别	社会公平感均值	2014 年总收入均值	样本量
CGSS2015	农民工	3.07	38594.46 元	2042
	农民	3.30	11082.48 元	4409
	市民	3.16	42825.09 元	3832

由表 1.2 可见，从群体平均收入来看，市民最高，农民工次之，农民最低，但从社会公平感来看，农民工最低，农民最高，市民居中。虽然 CGSS2013 中农民工的平均收入高于市民，CGSS2015 中则是市民群体的平均收入高于农民工群体，但平均收入相差并不大。

综观 CGSS2013 和 CGSS2015，一直都是农民工的社会公平感最弱，但有意思的是，农民工群体的平均收入远高于农民，市民群体的社会公平感居中，农民群体的年平均收入最低，但他们的社会公平感最强。那么，问题是，农民工群体的平均收入并非最低，但社会公平感最弱，这一“悖论”背后的原因值得我们去深究。尤其是，其一，社会公平感是否不同于至少部分不同于人们关于收入分配的公平感？如果确有不同，它们差别何在？在形成机制上有何差异？其二，除了收入，还有什么因素对社会公平感有重要影响？考虑到农民工的外出务工动机和在务工城市的工作生活处境，其核心诉求主要有两类，一类是工作和收入，另一类则是基本公共服务。考虑到农民工获得了比农民更高的收入，又考虑到农民工在务工城市享受某些公共服务上与城市户籍居民存在区隔和不平等，是否是因为基本公共服务的群体不均衡对农民工的公平感带来了一定的挫伤？

第二节　问题意识之二：基于公平感的研究回溯与拓展

公平感是关于公平的主观感知，当它指涉的是对社会宏观的、整体的公平状况的感知时，通常称为“社会公平感”。当然，它也可以指涉具体的领域，比如收入分配公平感、财富公平感等。既往研究中，学者们尤其关注了收入分配公平感①，研究了收入分配公平

① 学者们基本上变换使用收入分配公平感、收入公平感和分配公平感三个概念，通常不做严格区分。

感的现状、影响因素和影响机制等问题，有少量的研究涉及社区公平感。①

一、针对不同群体公平感的研究

从关注的群体看，学者们研究了中国居民的公平感，针对的是居民总体。另外，学者们根据居民身份，较多地关注了农民、市民和农民工群体的公平感，其中农民工群体的公平感研究是一个热点。有学者从一些较为独特的视角出发，研究某一特定群体的公平感状况，比如，周兵和刘成斌关注了中国青年的收入分配公平感，他们对青年的界定是 18~35 周岁。② 黄永亮和崔岩则研究了不同收入群体的社会公平感，他们利用的是“中国社科院社会状况综合调查（CSS）”2017 年的数据，对不同收入群体的界定以受访者的家庭平均收入的中位数为标准。③ 研究群体异质性时，以往研究主要是以职业、收入水平、自我评价的社会阶层和社会经济地位等标准进行划分，在中国当下，住房成为城市居民家庭财富最重要的组成部分，家庭收入水平与家庭财富总量有时相差巨大，而且在越发达的城市，二者之间差距越大。基于这一考虑，李骏专门研究了有产（有住房）阶层幸福感与公平感之间的差异，进一步将这一群体与无产阶层进

---

① 邓睿，冉光和．两代农民工的社区公平感有何不同？——农民工融入城市社区背景下的经验研究［J］．公共管理学报，2017（1）．

② 周兵，刘成斌．中国青年的收入分配公平感研究［J］．中国青年研究，2015（4）．

③ 黄永亮，崔岩．社会歧视对不同收入群体社会公平感评价的影响［J］．华中科技大学学报（社会科学版），2018（6）．

行对比，并研究了有产阶层的内部异质性。①

就农民工群体来看，龙书芹和风笑天利用了 CGSS2010 进行分析，发现在社会层次的不公平感上，新生代农民工是体验最为强烈的群体，但在个体层面的不公平感上，新生代农民工与其他群体没有显著差异。邓睿和冉光和在研究农民工社区公平感时，分析了两代农民工社区公平感水平的差异及影响因素。之所以选择研究社区公平感，作者指出，是因为随着农民工代际转换的加速，这一群体内部的公平偏好也出现较大差异，而目前农民工公平感代际差异的研究集中在社会态度、经济地位、工作关系等宏观和中观层面，对于社区场域的微观公平体验的代际比较则鲜有涉及。王甫勤重点关注了新生代农民工与传统农民工公平感的差异，利用长三角地区 1766 位新生代农民工和 702 位传统农民工的调查数据进行实证分析，研究发现，尽管两代农民工的公平感没有显著差异，但在影响因素方面却有明显不同。总体上看，局部比较变量——主观地位对两代农民工公平感的解释力比教育和收入更强。从代际差异上看，教育水平、主观地位对新生代农民工公平感的影响更明显，而收入水平对传统农民工公平感的影响更大。传统农民工更看重在实际工作中所获得的物质利益，而新生代农民工在判断社会公平时更注重与本地城市人口社会经济地位的差异。② 时怡雯专门研究了职业流动和相对经济地位对新生代农民工社会公平感的影响，作者与王甫勤所用数据相同，发现新生代农民工群体职业流动频繁，但并没有改善

① 李骏．城市住房阶层的幸福感与公平感差异［J］．华中科技大学学报（社会科学版），2017（1）．

② 王甫勤．新生代与传统农民工社会公平感影响因素研究［J］．中国人口科学，2016（5）．

他们的客观社会经济地位，导致他们在与本地人相互比较时主观经济地位明显降低，最终导致其社会公平感下降。①

二、公平感影响因素的理论与实证研究

（一）个体收入因素的影响

从影响因素看，学者们集中于研究收入因素或与收入相关的社会经济地位对社会公平感或收入分配公平感的影响。有学者研究受教育程度对公平感的影响，其实，收入、受教育程度、社会经济地位之间都有比较强的正相关性，它们对公平感的影响方向基本是一致的。不过，李颖晖认为，教育程度对收入分配公平感的影响机制十分复杂。他的研究发现，教育程度作为优势性地位获得，对分配公平感存在正向影响。但这种正向影响的存在是有条件的：教育作为个人地位投资，激发相应的回报期待，随着基于教育投入的期待收入与实际收入差距的扩大，这种正向影响会降低，并且教育程度越高，降低的幅度越大。②

（二）社会比较因素的影响

个人都不是孤立的个体，都在某种程度上嵌入社会群落和社会结构中，个人关于公平的主观感知难免会受到社会比较因素的影响。另外，个人对未来都抱有期望，对个人未来的发展怀有预期。因此，个人会不由自主地进行多维度比较。多维度是指，这种比较包括个

---

① 时怡雯．新生代农民工的社会公平感研究：职业流动与相对经济地位的影响［J］．同济大学学报（社会科学版），2018（1）．

② 李颖晖．教育程度与分配公平感：结构地位与相对剥夺视角下的双重考察［J］．社会，2015（1）．

人纵向的比较，涉及与自己过往的比较，与个人或家庭生活需要的比较，与个人预期的比较；也包括个人的横向比较，这种比较可能同时涉及不同的群体，比如工作中的同事，生活中接触的人，整个社会的居民。当与整个社会居民进行比较时，实际上也就是个人在社会中的阶层或社会经济地位。农民工群体有其特殊性，与户籍所在地的农民和工作城市的市民都有千丝万缕的联系。因此，比较的对象可能同时指向农村老家的村民、务工时的同事，以及城市中的户籍居民。

因此，许多学者聚焦于考察社会比较对公平感的影响。方学梅的研究发现，不管是与周围人相比，还是与自己过去相比，社会比较对公平感都有显著的影响，并且这种影响是正向的。这是指，越是对自己社会经济地位评价高的人，社会公平感评价越高。① 马磊和刘欣利用 CGSS2005 的实证分析揭示，中国城市居民的分配公平感主要是由相对比较因素决定的，这里的相对因素既包括与自己过去状况的比较，也包括与其他人状况的比较。② 谢熠和罗教讲根据结构决定论和相对剥夺论分别提出研究假设并进行了实证，根据结构决定论，选取了经济收入、职业地位、受教育程度三个指标，根据相对剥夺论，主要是考察自己与周围的人进行比较，以及与自己过去进行纵向比较。他们的研究与马磊和刘欣的研究结论一致，即相对剥夺是社会公平感的重要来源，而经济收入和职业地位（划分为社会上层、社会中上层、社会中层、社会中下层）对公平感的影响

---

① 方学梅．平等归因、社会比较对社会公平感的影响［J］．华东理工大学学报（社会科学版），2017（2）．

② 马磊，刘欣．中国城市居民的分配公平感研究［J］．社会学研究，2010（5）．

基本都不显著。① 周兵和刘成斌的研究也有类似的结论，他们利用CGSS2005分析后发现，客观地位对青年人群收入分配公平感的影响明显弱于局部比较，而在局部比较中，与同龄人比较社会经济地位所引起的“相对剥夺感”是影响收入分配公平感最重要的因素，与自己过去相比的状况变化也有重要影响。② 范艳萍和王毅杰利用2014年“城乡居民社会调查”数据的研究也发现，微观公平感主要由相对收入决定，与老家居民或城市居民的比较优势均能提升农民工的公平感。③

（三）收入差距和机会平等因素的影响

与收入相关的，除了个体的绝对收入水平，以及个体收入与过往、期望、周围的人（如市民、农村老家的人）等的比较，还包括中观和宏观层面的收入不平等状况。陈晓东和张卫东深入研究了机会不平等影响社会公平感的作用机制。④ 研究发现，机会不平等程度的提高会显著降低社会公平感，而努力不平等对社会公平感的影响则不显著；相对而言，随着机会不平等程度的上升，家庭背景较差的群体能够感受到更强烈的社会不公平感；更进一步地，在家庭背景条件较差的群体当中，当前社会地位或收入水平较高的子群体对机会不平等的不公平感知更加强烈。

---

① 谢熠，罗教讲．中国居民社会公平感影响因素研究——基于结构决定论与相对剥夺论的视角［J］．贵州师范大学学报（社会科学版），2017（3）．

② 周兵，刘成斌．中国青年的收入分配公平感研究［J］．中国青年研究，2015（4）．

③ 范艳萍，王毅杰．农民工的公平感及社会心理后果［J］．西北农林科技大学学报（社会科学版），2017（5）．

④ 陈晓东，张卫东．机会不平等如何作用于社会公平感——基于CGSS数据的实证分析［J］．华中科技大学学报（社会科学版），2017（2）．

（四）其他因素的影响

除了与收入相关，影响公平感的因素还包括身份偏好、身份认知和体验维度上的“适应程度”。① 阳杨和高尚除了研究主观上的阶层认知及变化情况对公平感的影响，同时强调，不同阶层的公平观存在差异，这会影响他们的公平感。公平观的差异主要表现为对于如何分配资源以及脱贫主要靠谁的观点。② 范艳萍和王毅杰还考察了感知的社会距离对宏观公平感的影响，结论是，感知的社会距离越大，公平感越低。人们如何对收入分配的结果等客观事实（或对客观结果的主观认知）进行归因，也是影响公平感的一个因素。③ 孙薇薇和朱晓宇基于结构地位、相对剥夺和归因理论研究教育年限对收入分配公平感的影响机制。就归因理论而言，将成就归因于努力显著降低了教育对分配公平感的负向影响，将不平等归因于特权显著提高了教育对分配公平感的负向影响。④ 在中国的改革进程中，一些群体的身份发生了转换，宁晶和严洁专门研究了户口转换对公平感的影响，研究发现，选择性“农转非”的居民的公平感与农村居民不存在差异，政策性“农转非”的公平感低于农村居民。⑤ 李黎明和李晓光研究了中国市场化改革进程中关系资本动员对个体收入分配公平感的影响及内在机制。基于 2014 年八城市“社会网络与

① 邓睿，冉光和．两代农民工的社区公平感有何不同？——农民工融入城市社区背景下的经验研究［J］．公共管理学报，2017（1）．

② 阳杨，高尚．公平感影响因素分析［J］．内蒙古大学学报（哲学社会科学版），2016（1）．

③ 范艳萍，王毅杰．农民工的公平感及社会心理后果［J］．西北农林科技大学学报（社会科学版），2017（5）．

④ 孙薇薇，朱晓宇．地位、相对剥夺与归因：教育年限对分配公平感的影响机制［J］．社会学评论，2018（3）．

⑤ 宁晶，严洁．城市化下的户口转变与农民工公平感［J］．兰州学刊，2018（3）．

职业经历”调查，研究发现，关系资本动员对个体收入分配公平感有显著的正向影响，就机制而言，主要是通过提升收入水平和强化关系认同。① 龙书芹和风笑天特别关注社会结构方面的受雇佣地位对收入不公平感的影响，发现受雇佣的地位使其收入不公平感显著增强，并且，受雇群体中（相对）高收入群体体验了更多的不平等，产生了更强烈的社会层面的不公平感。② 刘欣和胡安宁对分配公平感提出了一种新制度主义社会学解释。他们认为，社会成员对自己所获得的社会资源是否公平的感受取决于社会成员的自我认知与社会共识之间达成一致的程度，并据此提出研究假设，利用 CGSS2006 年数据进行了分析，结果较有力地支持了上述假设。③ 李升考察了受雇农民工在城市的劳动关系状况对农民工公平感的影响。基于在北京市获得的问卷调查数据，得到如下的结论：年轻的新生代受雇农民工不易形成社会公平感，劳动保障的完善对农民工公平感有正向影响，劳动强度相对较大对农民工公平感有负向影响，劳动获得相对较低不利于受雇农民工形成公平感。④

三、对既往研究的评论与本书的视角

以往研究涉及了不同的群体、不同的阶层，考察的因素既有微观上个体层面的特征，也有中观和宏观层面的变量，既有客观的经

① 李黎明，李晓光．市场化改革、关系资本动员与收入分配公平感［J］．吉林大学社会科学学报，2017（3）．

② 龙书芹，风笑天．社会结构、参照群体与新生代农民工的不公平感［J］．青年研究，2015（1）．

③ 刘欣，胡安宁．中国公众的收入公平感：一种新制度主义社会学的解释［J］．社会，2016（4）．

④ 李升．受雇农民工的城市劳动关系状况与公平感研究［J］．青年研究，2015（4）．

济社会变量，也有个体观念如公平观、归因等。一些研究尝试在一个综合性的框架内进行分析，比如，孙德梅、王正沛和康伟在研究社会心态时，主要考虑公众对社会正义的认知和态度，以及公众对高等教育机会公平的态度。分析影响因素时，较为综合地考虑了四个层面，分别是个体特征、家庭影响、阶级认知和社会网络。个体特征涉及教育水平、政治面貌、个体情绪、职业收入；阶层认知主要考察被调查者对自身所处阶级的感知和所处社会层次的认知；家庭影响则是考虑家庭教育、家庭经济状况；社会网络表明个体的社会交际范围，一般来讲交际范围较广的个体对生活和社会有较为积极正向的态度，具体的度量方法是每天（一对一）接触的亲友人数和非亲友人数。① 他们基于 CGSS2008 的研究发现，公众对社会公平、社会正义认同度都很不理想，所考虑的四个层面即个体特征、家庭影响、社会网络以及阶层认知对社会心态有重要影响。徐延辉和许磊尝试基于经济社会学的分析框架进行一个综合性的分析，主要考察社会经济地位和社区融合，并将社会经济地位分解为主观社会经济地位和客观社会经济地位，将社区融合分解为社区认同、社区交往和社区参与三个维度。他们利用在厦门、东莞、深圳和苏州等地针对农民工调查获得的 1291 份有效样本数据进行了实证分析，发现社区融合的三个指标均显著，家庭收入（通过家庭月均收入和家庭农村收入两个指标进行度量）与城市普通家庭相比较收入对农民工的社会公平感也有显著的影响，并且影响是正的。个人城市收入的影响不显著，这表明农民工外出务工更多是站在家庭的角度进

① 孙德梅，王正沛，康伟．转型期我国公民社会心态影响因素分析：基于 CGSS2008 调查数据的分析［J］．科学决策，2014（1）．

行的理性选择。与农村普通家庭相比较收入的影响为正但不显著，这表明，农民工进城以后的比较对象在逐渐发生转换，已经开始从农村家庭向城市普通家庭（可视为城市一般生活水平）转变。①

综合以往研究，我们发现：

第一，以往对收入分配公平感研究得最多，对社会公平感的研究相对少一些。有一些研究对收入分配公平感和社会公平感不做严格的区分，尤其是在把不同的研究进行综述和对比时。二者有正相关性，但并不严格等同，会出现觉得收入公平但社会不公平的情况，也有觉得社会公平但收入不公平的情况，我们后续基于调查数据的实证分析充分佐证了这一点。因此，讨论公平感时，无论是进行理论分析还是实证分析，都有必要区分收入分配公平感和社会公平感，阐释其背后的形成机制的异同。我们将在本书的第四章深入探讨这一问题。

第二，基于调查数据的实证分析居多，相关理论研究的滞后，导致实证研究的理论支撑明显不足，致使不少实证研究"就地取材"地选取变量和对应的指标。从理论上讲，公平感知究竟是如何形成的？当我们指向不同领域时，比如指向收入分配和指向基本公共服务配置时，公平感知的状况和形成机理有何异同？再者，在历史的视角下，自改革开放至今已逾40年，从计划经济体制过渡到社会主义市场经济体制，人们关于收入分配的公平观会如何演变？在改革开放的进程中，城乡二元分割的体制樊篱还没有完全消除，但城乡一体化、城乡融合发展持续推进，人们尤其是农民工关于基本公共

① 徐延辉，许磊．当代农民工社会公平感：一个经济社会学分析框架［J］．上海大学学报（社会科学版），2018（6）．

服务的公平感知的状况和形成机制又是如何演变的？我们在本书中尝试进行初步探究。

第三，就影响因素来看，最多的研究聚焦于收入水平、收入分配、收入不平等、社会经济地位、收入比较，等等。但从人们的需求来看，无论是在农村还是城市，人们的需要有两个重要方面，其一是工作岗位和收入，其二便是能够享受到的基本公共服务。但是，一方面，上述两类需求有完全不同的分配和配置逻辑，前者主要是市场行为，后者则是政府的公共产品供给和分配逻辑；另一方面，它们的分配和配置又同中国具体的市场化进程、城乡一体化进程紧密联结在一起。对农民工这个群体，更加不能忽视基本公共服务的配置对其社会公平感的影响，并且十分有必要置于中国的市场化进程和城乡一体化进程进行考察。就目前学界的研究来看，研究并不算多。在理论层面，张涛和伏玉林分析了增加公共品供给平抑社会不公平感的内在机制，他们认为，增加公共品供给，能够改善人力资本积累的机会，促进社会流动，增强风险承担能力。① 尤其是，畅通的社会流动能够赋予弱势群体通过个人努力改变贫困状况的机会，增加人们对社会公平的认同。如果社会流动的渠道堵塞，低收入群体看不到向上层流动的机会和希望，就会把自己的弱势地位归因于出身、关系、权力、腐败等因素。公共品供给不足会引发社会阶层固化，降低社会流动，从而强化人们的不公平感。反之，如果教育、医疗等公共品供给充足、基本均等，则人们在社会中的发展将更少依赖家庭背景。因此，公共服务的缺失，是一种发展机会的不平等和不公平，特别是教育方面。张涛和伏玉林是从理论上阐释

---

① 张涛，伏玉林. 公共品供给、公平感与收入分配［J］. 学术月刊，2009（5）.

基本公共服务供给对公平感的影响机制，没有进行实证分析，没有涉及具体的细分群体。徐康然和秦菁霞利用CGSS2013的数据研究了公共服务水平对居民社会公平感的影响，分析发现，基本公共教育、住房保障、医疗卫生和社会管理对居民社会公平感的影响显著为正。① 李秀玫、桂勇和黄荣贵研究了政府基本公共服务供给与社会公平感之间的关系。他们的研究发现，地方政府基本公共服务供给水平越高，个体的社会公平感越强。在群体细分上，他们重点关注的是不同收入水平的群体。研究发现，政府在教育、医疗和社会保障等基本公共服务方面的投入提高了中等以上收入群体的社会公平感，但对低收入群体社会公平感的影响并不明显。② 在他们的研究中，核心的解释变量是地区人均社会性支出，是用地方政府在教育、医疗卫生、社会保障与就业三方面的人均总投入来度量的。

基于以上分析，本书聚焦于研究基本公共服务配置对社会公平感的影响，并且聚焦于对农民工公平感的影响。

第三节　问题意识之三：基于社会比较影响主观感知的研究述评③

以往学者讨论公平感等主观感知时，基本都会用到社会比较的理论，并在这方面做了大量的实证研究。因此，本节我们围绕社会

① 徐康然，秦菁霞．公共服务水平对居民社会公平感的影响——基于2013年中国综合社会调查（CGSS）数据的研究［J］．当代经济，2018（8）．

② 李秀玫，桂勇，黄荣贵．政府基本公共服务供给与社会公平感——基于CGSS2010的研究［J］．社会科学，2018（7）．

③ 本节部分内容发表于《天津行政学院学报》2017年第5期。

比较的理论与实证展开论述，归纳以往研究的主要脉络和发现，分析存在的问题，并提出研究的拓展方向。

一、社会比较影响主观感知的研究追溯

社会比较所产生的影响十分广泛，涉及自我认知、情绪情感、社会行为，自然也就成为心理学、社会学、教育学等多个学科共同的研究议题，比如管理学特别关注薪酬比较对工作态度、工作绩效的影响，进而应用到企业制订薪酬管理制度中，心理学关注社会比较对自我认知、情绪健康的影响，而社会学、经济学、教育学等则主要关注社会比较对公平感、幸福感等主观感知的影响及内在机制。

关于社会比较对人们主观感知的影响，当进行人际横向比较时，在实证研究的操作中，通常是把比较对象和比较内容合并在一起考虑。但进一步拆解，实际上这里面有两个问题，一个是比较对象的问题，即“与谁比”的问题；二是比较内容的问题，即“比什么”的问题。

关于比较对象，Goethals，Messick 和 Allison 提出了建构性社会比较（constructive social comparison）理论，认为比较个体可能并不是以实际存在的其他个体为参照进行比较，而是构想出一个虚拟的其他个体及其行为进行比较。① O’Neil 和 Mone 认为比较对象要具有一定的相似性和信息可得性。② 在实证研究中，学者们普遍先根据

① GOETHALS G R，MESSICK D M，ALLISON S T. The Uniqueness Bias：Studies of Constructive Social Comparison [C] //SULS J，WILLS T A. Social Comparison：Contemporary Theory and Research. Hillsdale，NJ：Lawrence Erlbaum，1991：149-176.

② O’NEILL B S，MONE M A. Psychological Influences on Referent Choice [J]. Journal of Managerial Issues，2005，17 (3)：273-292.

某一个或几个特征界定比较对象，参照的对象包括了同事、兄弟姐妹、居住在同一社会相同的区域的成员①、居住在同一国家的所有其他居民。②

关于比较内容，在涉及个人自我比较时，可以是自己过往的收入水平，但不限于此，还可能是个人的期望收入、预期收入、需要收入。③ Cropanzano 和 Greenberg 将公司承诺给员工的薪资待遇作为比较内容。④

在计量操作中，把上面两个问题一并考虑，通常有两种处理方法：

第一种是根据个体的比较对象来界定比较内容。由于比较对象通常是一个群体，实证分析中多是取群体收入水平的平均数（或中位数）。这是一种简便易行的操作，但平均数只能反映收入分布的单一特征，并不能反映比较对象群体内收入的离散水平。经验和理论都表明，当人们进行社会比较时，并不只是简单地关注所对比群体的平均水平。即便平均收入是相等的，但可能一个参照群体内的多数个体收入高于自己，而另一个比较群体内的多数个体收入低于自己，个体收入相对于所比较群体的收入分布，位置排序会有差异，甚至很大。相关的实证研究佐证了这一点。Deaton 的研究表明，群

---

① PERSKY J，TAM M Y. Local Status and National Social Welfare [J]. Journal of Regional Science，1990，30（2）：229-238.

② BLANCHFLOWER D G，OSWALD A J. Well-being over Time in Britain and the USA [J]. Journal of Public Economics，2004，88（7-8）：1359-1386.

③ SENIK C. Direct Evidence on Income Comparisons and Their Welfare Effects [J]. Journal of Economic Behavior and Organization，2009，72（1）：408-424.

④ CROPANZANO R，GREENBERG J. Progress in Organizational Justice：Tunneling Through the Maze [C] //COOPER C，ROBERTSON I. International Review of Industrial and Organizational Psychology. New York：Wiley，1997：317-372.

体中收入比自己高的那部分人的数量和该群体收入的平均值与其本人之间的差距会对其幸福感产生影响，这也相当于考察了个体在收入序列中的排序。① Boyce，Brown 和 Moore 的研究发现，对个人的总体生活满意度影响更重要的是自身收入在收入序列中的排序，他们将这一变量引入模型后，参照收入的影响变得不显著了。② 当然，通常情况下，个人收入水平与收入排序有比较高的正相关性，所以究竟是比较对象的平均收入还是自身收入的位置排序更重要，还需要进一步的研究。

第二种是根据一系列影响收入的变量（如受教育程度、性别、工作经验等）估计一个收入方程，然后将每个样本在各自变量上的取值代入求出估计值，并将其作为参照收入。③ 这种方法的本质是，根据个体能力等特征估算和预测在市场上能够获得的“平均收入”，或者说，按其个体特征应该能够获得的收入，有“应得”的含义在里面。这种方法被一些学者质疑，因为很难相信个人可以像模型那样精确地“预测”自己在市场上应得的收入。另外，这种方法在计量分析时也面临难题。因为像年龄、性别等因素既会影响个人收入，同时又会影响自己的幸福感等主观感知，在估计收入方程时已被纳入自变量之列，在进行第二阶段回归时，这些因素如果不被纳入自变量向量中，就可能存在变量遗漏问题，带来估计偏误；

① DEATON A. Health，Inequality，and Economic Development [J]. Journal of Economic Literature，2003，41 (1)：113-158.

② BOYCE C J，BROWN G，MOORE S C. Money and Happiness：Rank of Income，Not Income，Affects Life Satisfaction [J]. Psychological Science，2010，21 (4)：471-475.

③ CLARK A E，OSWALD A J. Satisfaction and Comparison Income [J]. Journal of Public Economics，1996，61 (3)：359-381.

但如果仍然纳入，因为其在第一阶段已经被纳入，又可能存在共线性问题。

二、既往研究中有待于突破的问题

我们认为，上述操作具有一定的合理性，但也有问题，突出表现在：

其一，设定的比较对象都与个体存在某种相似性，更多的文献选择多个变量，然后根据变量值相等或接近确定比较对象（通常是一个群体），比如性别相同、年龄相仿①、受教育程度接近、居住在同一区域等②，但具体选择哪些特征，又有或多或少的差异。个人与哪些个体或群体进行比较，与多种因素相关，包括自己的经济地位、主观上的收入差距归因和收入流动机会等。③ 在这方面缺乏坚实的理论支撑，所以参照对象的设定就有较大的随意性。在不清楚个体实际比较对象的情况下，直接以所处区域、年龄、受教育程度等特征为每个受访者统一界定比较对象就显得有些武断，没有考虑到个体或群体的异质体。即便是选定了个体特征，如何对指标值划分归类，也有一定的随意性。因此，基于这种研究思路的研究结论缺乏严格的可比性。有的文献甚至根据多种标准设计比较对象和比较内容，全部作为自变量放入计量模型，然后解释计量结果，这显然是不科学的。有研究就发现，并非收入低的群体就认为分配是不

---

① 实证中具体的操作标准有所差异，比如年龄相差 5 岁以内，等等，并没有统一的标准。

② CLARK A E, SENIK C. Who Compares to Whom? The Anatomy of Income Comparisons in Europe [J]. The Economic Journal, 2010, 120 (544): 573-594.

③ PATCHEN M. The Choice of Wage Comparisons [J]. Industrial and Labor Relations Review, 1963, 16 (3).

公平的，就对不平等持更严厉的批判态度。① 作者的研究发现，相对于城市居民和职业地位较高的受访群体，农村居民受访者，尤其是从事农业的农民，反而对社会不平等的反应要来得缓和，他们不太认为当前的情况是过分和不公平的。一个推测是，农民关于不平等的态度更可能是基于与他们周围的人的比较而不是那些远在都市里的富豪，因此，农民对过去和对身边的人的比较，以及由此带来的主观认知，也许可以解释他们为什么会比我们通常认为的情况更加乐观。所以，人们究竟与谁比，是一个需要深入研究的问题。

其二，人们在进行比较时，比较对象有可能是内生的，是主观选择的产物。这是指，当个体与某些对象比较时，如果发现处于不利的地位，可能会做出适当的调整。Falk 和 Knell②，Clark 和 Senik③等讨论了比较对象的内生性问题。如果比较对象有比较强的内生性，就会有较大的个体差异性，由研究者为每个人按照同样的标准设定比较对象就是值得商榷的。

其三，关于比较内容的选择，首先，目前人们更多地关注收入的比较，这具有一定的合理性，因为收入是较容易观察的比较内容，并且收入与社会经济地位、财富、消费等相关性比较大。但主观感受是综合性的心理体验，人们在社会中进行比较时，并不会只进行物质方面的比较，可能会对权力、荣誉、声望等非物质方面的内容

① 怀默霆．中国民众如何看待当前的社会不平等［J］．社会学研究，2009（1）．

② FALK A，KNELL M. Choosing the Joneses：Endogenous Goals and Reference Standards［J］. The Scandinavian Journal of Economics，2004，106（3）：417-435.

③ CLARK A E，SENIK C. Who Compares to Whom? The Anatomy of Income Comparisons in Europe［J］. The Economic Journal，2010，120（544）：573-594.

进行比较，而这些方面有时与收入并不是高度相关的，在个体之间的分布也不随机，如果实证分析中这些变量的影响不能被控制，就会“污染”收入比较带来的影响，甚至可能带来严重的估计偏误。其次，通常人们的收入与人们的努力和付出是强正相关的，受市场经济观念的洗礼，人们也越来越能够接受“多劳多得、少劳少得、不劳不得”的按贡献分配规则。所以，分配不平等是如何产生的，也会影响到主观感知。如果收入不平等主要是自身能力、努力程度的差异所致，显然就会比非法经营、贪污腐败等不公因素带来的收入不平等更容易被接受。所以，只是将比较的收入引入计量模型，而不把收入不平等背后“质”的因素纳入，可能就会夸大比较对象的高收入对自身带来的负效应。另外，在社会比较的过程中，个体所比较的内容本质上是自身对比较内容的主观认知，这种主观认知不会与客观数据严格相符，甚至有系统性偏差，比如低收入者可能倾向于高估高收入者的收入水平，倾向于认为高收入者收入的不公性更强。因此，对于个体主观认知的比较内容与客观情况之间的关系，也需要进一步的探究。

综合以往研究，笔者认为，关于社会比较理论和实证的研究，以下几个方面是非常重要的，也是笔者在本书中尝试去探索的：第一，对社会比较的内在机制的探讨。笔者在书中着重分析社会比较对公平感的影响，并且进一步从“实得”和“应得”比较的角度来探讨社会比较对公平感的影响。第二，从关注的主体来讲，笔者聚焦于农民工这个群体，他们在城乡、城市间往返，在农业生产和非农生产间切换，有其重要的特殊意义。第三，笔者充分结合中国的制度演化、传统文化、经济体制等现实情境考察社会比较对公平感的影响，并考察人们公平观的历时演化。第四，进一步细分不同的领域。我们接下来的分析表明，针对收入分配和针对基本公共服务，社会比较的“应得”规则并不相同，甚至可以说差异很大，导致公平观的差异也很大。第五，如果把各种可能的比较对象的基本公共服务获得量均纳入计量模型，很可能存在遗漏变量的问题，带来内生性和估计偏误问题。另外，所比较对象实际获得的基本公共服务，又或者农民工群体所感知到的城市户籍居民享有的基本公共服务，在实际的调研中都难以获得。这种情况下，度量指标就很可能比较粗糙，存在测量误差，同样会引起估计偏误。因此，本书中，我们换一种策略，更多地借助于理论的分析，并在后面的实证分析中，着重考察基本公共服务供需匹配对不同群体（农民工、市民和农民）公平感的影响模式异同，并据以提出针对性的政策建议。

三、社会比较理论的拓展方向

基于前述文献追溯，笔者认为，更完善的社会比较理论至少包含两个方面：一是关于社会比较的比较对象、比较内容、比较方向、比较权重、比较频率等内容；二是社会比较影响主观感知的内在机制。目前在前一个方面，比较对象和比较内容已经有了较多的研究，但仍有待深入；而关于比较方向、比较权重、比较频率等内容，文献讨论得还比较少，也较少引入实证研究中。在后一个方面，多数研究都是在相对剥夺的机制下进行解释，Senik 的一系列研究引入了更丰富的机制，将收入的比较与收入流动性相关联，将研究向前推进了一步。① 收入差距的形成原因多样且复杂，进而也决定了参照

① SENIK C. Direct Evidence on Income Comparisons and Their Welfare Effects [J]. Journal of Economic Behavior and Organization, 2009, 72 (1): 408-424.

收入对主观感受的影响机制同样是多样且复杂的，并且，对于自身与参照对象的收入差距，人们有不同的归因模式，有不同的性格特质，这可能在参照收入影响主观感知中扮演调节变量的角色，这些都需要在理论上进行拓展。

其次，关于比较对象和比较内容的深入探究。显然，如果并不十分清楚个体进行社会比较时确切的比较对象与内容，武断地进行人为设定，就会有很大的随意性，结论自然很难让人信服，并可能诱发实证研究中的“拷打数据”问题。为解决这一问题，夯实实证研究的理论基础，以下是可以尝试的几种思路：第一，更多地借鉴心理学关于这一问题的相关研究，通过实验室实验、田野实验等方法进行深入探究。第二，在调查中直接询问被访者比较对象、比较内容、比较方向、比较频率、比较权重等内容，并与实验法等得出的结论相互验证。目前像北京师范大学中国收入分配研究院主持的中国家庭收入调查（CHIPS）在调查问卷中已经开始引入这类问题。第三，经验观察与逻辑推理相结合。目前比较对象的设定并非毫无基础，同样也是综合了经验观察、实验发现、调查询问等的发现，但在实证研究中，可以与逻辑推理进一步结合，相互印证。比如参照群体的收入同时具有收入预期效应和相对剥夺效应，影响效应相反，最终的影响取决于两种力量的对比，那么，年龄大的群体，转换工作的成本更高，学习新技能的难度更大，通过转换工作获得高收入的可能性更低，可以推论，如果比较对象和比较内容的选择是恰当的，年龄越大的群体，参照收入的相对剥夺效应越会压倒收入预期效应。

再次，解决实证研究中的数据和计量问题。在主观感知影响因素探究过程中，应用微观数据进行计量分析，便于在控制一系列影响因素的前提下重点考察特定变量的“净效应”，但目前受限于指标、数据等问题，仍然有大量的工作要做，这比较突出地反映在以下几个方面：第一，目前研究中关于幸福感、公平感等主观感知的测定，主要采用个体自我报告进行度量，但是人们主观的报告值与真实的感受值之间，除了受到一些随机因素的干扰，还很可能受到宗教、文化、价值观念等因素的系统性影响，这就导致实证研究的结论在进行跨区域、跨种族、跨文化比较时必须非常谨慎。第二，主观感知的影响因素有很多，比如健康状况、家庭经济状况、社会地位、婚姻满意度等，这些变量的度量有时也用个体自评值，这就导致自变量和因变量同时是自评值，可能会带来内生性问题而使参数估计产生偏误。第三，互为因果带来的内生性问题。一些因素会既影响主观感知，而它们本身可能也受后者影响。比如，健康会带来幸福感的提升，而幸福感的提升也有益于健康，这种互为因果也会带来内生性问题，如果不能较好地去解决，也会带来估计的偏误。Van Praag 和 Ferrer-i-Carbonell 就对到底是高收入引致更强烈的幸福感，还是因为更幸福从而更易被社会接受，容易找到更好的工作从而获得更高收入提出了疑问。① 工具变量法是一种可能的解决思路，但通常找到合宜的工具变量并不容易。第四，由于固定样本的跟踪调查很困难，目前的实证研究极少用面板数据而多用截面数据，通过引入一系列个体特征变量可以控制可观测并被调查的个体异质性的影响，但却无法控制不随时间变化又无法观测的个体异质性，这也可能对估计结果产生影响。个性外向的人可能会有更富生产性的

① VAN PRAAG B M S, FERRER-I-CARBONELL A. Happiness Economics: A New Road to Measuring and Comparing Happiness [J]. Foundations and Trends in Microeconomics, 2010, 6 (1): 1-97.

行为，从而获得更高收入，而外向的性格会带来更高的幸福感，如果没有办法很好地测量外向性程度并进行控制，收入与幸福感之间的正相关可能就是一种伪相关。因此，未来需要在指标度量、跟踪调查、解决各种内生性问题上继续努力。

最后，社会比较的理论和实证研究与中国情境的紧密结合。当前，学者们已经在社会比较的视角下对我国居民幸福感的影响因素进行了一些很有意义的探索，①② 深化了对我国居民幸福状况及引致因素的理解。不过，在理论与实证层面，都需要与中国情境进行更紧密的结合。在理论层面，我们有自己独特的价值观念和文化传统，比如“不患寡而患不均”的公平观、看重“面子”的文化心理等，这使得社会比较在对象、内容、机制等方面都可能表现出迥异于西方的特征，因此需要在社会比较理论上进行拓展而不是照搬。在实证层面，改革开放以来，随着城镇化的推进，形成了在农村务农的农民、城镇外来务工的农民工和城市户籍居民这三个最主要的群体，在市场经济体制不断完善和一些旧的体制顽固沿袭并存的情况下，他们之间形成了相互纠缠的利益关系。实证分析应该更多研究这些最重要的群体而不是在一些细枝末节上大做文章，这自然而然地需要放置在社会比较的框架之下，更关键的是，要充分考虑特殊的制度背景，进而提供有针对性的政策建议。

综合以上三节，本书聚焦于农民工的社会公平感，并且从基本公共服务配置结构这一角度切入，研究其对农民工社会公平感的影

① 何立新，潘春阳．破解中国的“Easterlin 悖论”：收入差距、机会不均与居民幸福感［J］．管理世界，2011（8）．

② 陈钊，徐彤，刘晓峰．户籍身份、示范效应与居民幸福感：来自上海和深圳社区的证据［J］．世界经济，2012（4）．

响。在研究中，笔者尝试打开社会比较影响公平感的“黑箱”，结合中国现实的制度情境分析人们公平感的影响机制，辨析并区分了社会比较影响（收入）分配公平感和社会公平感的机制的差异。研究基本公共服务配置对农民工社会公平感的影响，关于基本公共服务的配置结构，除涉及最直接的群体结构（即农民工与城市户籍居民间的配置结构），其实还涉及基本公共服务配置的城乡结构、类别结构，与基本公共服务配置相关的还包括农民工群体在公共服务供给中的决策参与。

第四节　逻辑结构、章节安排、创新点与不足

一、本书的逻辑结构

本书基于研究主题进行文献述评，基于文献述评确立研究视角，借鉴行为经济学相关理论进行理论分析，进而结合理论分析社会公平感的形成机制，分析基本公共服务配置对社会公平感的影响，并就基本公共服务的配置结构展开实证分析，还分析了与基本公共服务配置相关的农民工在公共服务供给中的决策参与问题，最后提出政策建议。本书的逻辑结构如图 1.1 所示。

本书首先介绍本研究的问题意识，并把文献的述评融入其中。从三个方面展开，一是基于农民工公平感的现状与提升，说明提升农民工公平感的重要意义、必要性和紧迫性；二是基于以往文献关于公平感问题的研究述评，通过综述，阐明本书的立足点是着重从基本公共服务配置的角度研究其对农民工公平感的影响；三是围绕

社会比较的理论与实证展开，通过综述，归纳总结以往研究的贡献和局限，尤其是以往研究偏重于实证而理论支撑不足，找到理论拓展的方向。

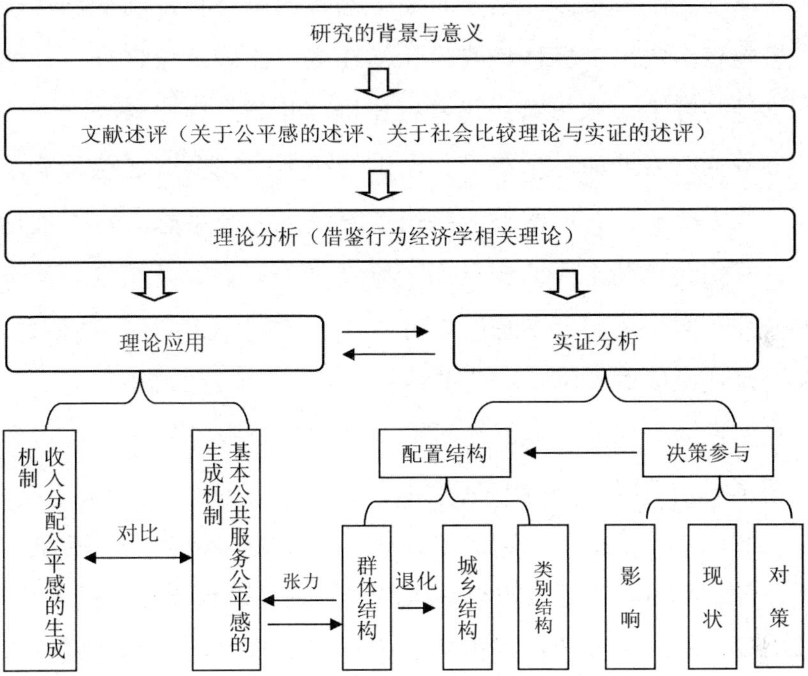

图 1.1　逻辑框架图

基于理论拓展方向进行理论拓展。这是指，在澄清公平含义的基础上，把社会比较视为公平的重要形成机制，进而揭开社会比较影响公平的“黑箱”，即公平感知是个人“实得”与基于社会比较而形成的关于“应得”的比较所形成的主观评判。承接理论分析，是理论的应用和实证分析。理论应用为实证提供支撑，实证研究检验相关理论。具体而言：

在理论应用部分，主要是结合中国具体的制度、体制情境分析基本公共服务公平感知的生成机制，并把人们关于收入分配公平感的生成机制作为对比，指出二者有较大差异，收入分配公平侧重公平概念中的“公”，而基本公共服务的公平侧重公平中的“平”。基于公平感知的生成机制，结合农民工群体的历时特征演变和代际分化，着重指出农民工群体的身份认同在变，比较对象在变，开始越来越多地与务工城市户籍居民进行比较，并要求逐步享受同等的基本公共服务，需求和诉求提升，但供给还不能完全满足这种需求和诉求，张力凸显，一定程度上挫伤了农民工的公平感。对于理论的实证，我们通过基本公共服务四个维度（充裕性、普惠性、均衡性和便利性）对农民工公平感的影响，以及与农民和市民群体做比较，证实均衡性程度对农民工的公平感有显著的、稳定的影响。

在实证分析部分，本书还研究了基本公共服务的配置结构和农民工在基本公共服务供给中的决策参与。

之所以研究第一个问题，原因是，配置结构首当其冲的是群体结构，即农民工与务工城市户籍居民间在公共服务享受上的不均等。在依旧存在不同程度的户籍区隔和附着于户籍之上的福利区隔的情况下，一些农民工迫于现实采取“空间替代”的模式享受基本公共服务——人在流入地（务工地）工作生活，但在流出地（户籍所在地）享受某些基本公共服务，因此，基本公共服务配置的群体结构就“退化”为城乡结构。另外，考虑到农民工在享受各类基本公共服务上有“轻重缓急”之分，我们考察了基本公共服务配置结构中的类别结构。

与基本公共服务配置的三个结构相关，我们考察了背后的复杂原因，要指出的是，并不能简单、武断地将基本公共服务配置的不均等归咎为政府失责，而是经济发展阶段、政绩考评制度和央地间、地方不同层级政府间财政事权与支出责任的分配和匹配等因素综合作用的结果，我们据此提出了一些政策建议。

之所以研究第二个问题即农民工群体在公共服务供给中的决策参与，主要是因为它一定程度上影响到基本公共服务的配置结构。不过，除此之外，决策参与的价值不仅限于此，而是具有双重属性——工具理性和价值理性，与之对应，决策参与影响农民工的公平感相应地就具有双重机制，笔者基于问卷调查分析了农民工在公共服务供给中决策参与的现状与问题，提出了一些对策建议。

二、本书的章节安排

本书共分为九章，详细的章节安排如下：

第一章共分四节，前三节从问题意识出发，系统阐述本书的研究视角和内在逻辑，第四节介绍逻辑框架、章节安排和主要的创新点。

第二章是理论部分，辨析公平的含义，用社会比较理论讨论公平感知的形成机制。本章共分三节，第一节辨析公平的含义，分析以往在使用公平概念时存在分歧的原因；第二节将公平视为广义效用的一种，借鉴行为经济学和实验经济学关于参照点依赖的理论，作为社会比较理论的基础；第三节把社会比较影响公平感知的机制归纳为“实得”与“应得”的比较，并且指出，比较的关键在于对“应得”的个人评判，而“应得”主要是基于与参照对象的比较。

第三章在中国现实情境下从理论上分析基本公共服务配置对农民工公平感知的影响。共分四节，第一节是一个研究参照，分析收入分配公平感知的形成机制；第二节是本章重点，分析中国现实情境中基本公共服务配置影响农民工社会公平感的机制；第三节利用跨年度数据追踪农民工群体特征的跨时演变、代际分化和身份认同变化；第四节分析农民工基于特征演变和身份认同变化要求与城市户籍居民的待遇趋同与客观现实间的张力越来越大，享受基本公共服务的“空间替代”模式摩擦增大，挫伤了农民工的社会公平感。

第四章是对第三章所提理论的验证。共分三节，第一节提出研究假设；第二节介绍计量方法；第三节分公共教育服务、医疗卫生公共服务、基本住房保障公共服务、社会管理服务考察四个维度评价（均衡性、普惠性、便利性和充裕性）对农民工公平感的影响。

第五章开始分析基本公共服务的配置结构。共分三节，第一节讨论基本公共服务配置的群体结构，即农民工与城市户籍居民间的配置结构不均等；第二节讨论群体结构背后的城乡结构，并以基本医疗保障为例，分析现实中存在的问题；第三节从满意度的视角讨论基本公共服务的类别结构。

第六章从供求匹配的视角讨论基本公共服务的供求匹配对农民工公平感的影响。共分三节，第一节讨论公共服务供需匹配的度量方法；第二节分析基本公共服务供需匹配对农民工社会公平感的影响，并与农民和市民群体做比较；第三节讨论供需匹配对老一代和新生代农民工社会公平感影响的异同。

第七章从发展阶段、政绩考评、财政体制等角度讨论基本公共服务配置结构的形成原因。共分三节，第一节分析我国公共支出比重的历时演变，并进行横向比较；第二节分析财政支出内部结构的历时演变和横向比较，主要考察了政绩考评制度对财政支出偏向的影响；第三节分析公共服务支出中中央与地方、地方不同层级政府的负担结构的历时演变，并作横向比较。

第八章讨论影响公共服务配置的决策参与对农民工公平感的影

响。共分两节，第一节分析农民工在公共服务供给中的决策参与的双重价值，影响农民工公平感的双重机制；第二节分析农民工群体在基本公共服务供给中的决策参与的现状和问题。

第九章是政策启示部分。

三、主要的创新点

（一）研究视角方面

以往研究较多关注农民工群体的收入分配公平感，不少研究对分配公平感和社会公平感不加区分，实际上，无论是形成机制还是数值度量，二者并不等同。以往研究主要关注的因素是收入水平、收入差距等与收入相关的因素，较少对基本公共服务配置对公平感的影响进行研究。因此，本书聚焦于农民工的社会公平感，并且是从基本公共服务配置的角度研究其对农民工社会公平感的影响。

与基本公共服务配置相关的，首当其冲的是基本公共服务配置的群体结构（农民工与城市户籍居民），但这个背后，其实也与基本公共服务配置的城乡结构紧密相关，还涉及基本公共服务各类别间的结构。另外，与基本公共服务配置相关，还讨论了基本公共服务供给中农民工的决策参与对其社会公平感影响的机制，分析了现状和问题，并据以提出对策建议。

（二）研究观点方面

（1）我们指出，公平的含义常存在分歧，一个重要的原因是，公平本身既有“公”的含义——指公正、正义，又有“平”的含义——指平均、平等。在指向不同领域时，公平概念的具体含义实际上侧重点不同，当讨论收入分配公平时，主要是在“公”的含义上使用公平概念，而当讨论基本公共服务配置的公平时，主要是在“平”的含义上使用公平概念。

（2）我们把公平视为经济学广义效用的一种，尝试打开社会公平感形成的“黑箱”。行为经济学和实验经济学一系列精巧的实验揭示，人们不但关心自己的收益，还关心所比较对象的收益，表现出“公平偏好”“不均等厌恶”，而且，收益不是相对于零的绝对水平，而是相对于“参照点”的相对收益，表现出“参照点依赖”属性，并且人们的“效用”函数常表现出“损失厌恶”的特征。公平可视为广义效用的一种，人际、群际间的社会比较是公平感产生的核心机制，打开社会比较影响公平感的“黑箱”，揭示公平是个人“实得”同与参照对象比较所形成的“应得”水平的比较。

（3）结合中国的现实情境分析公平感知和关于“应得”的信念，发现人们关于基本公共服务配置的公平与关于收入分配的公平的生成机制差异很大。人们关于收入分配的公平主要是“收入与贡献成比例”加上“适度差距”，而关于基本公共服务的公平感知则在发生历时演变。农民工进城务工初期，主要是为了获得更高的收入，对基本公共服务的需求少、诉求低，对基本公共服务提供和享受的“空间替代”模式习以为常——人在流入地工作，在流出地享受公共服务。但农民工的群体特征在发生跨时演变，出现代际分化，身份认同正在变迁，这些综合变化使得农民工尤其是新生代农民工开始越来越认同自己的“本地人”身份，越来越不认同自己的“农民”身份，开始越来越多地把务工城市的户籍居民作为比较对象，进而开始要求逐步享受与城市户籍居民同样的基本公共服务——“待遇趋同”或“差距趋零”。

（4）调查和座谈发现，绝大多数农民工认为享受公平的基本公共服务“非常重要”“比较重要”，同样，绝大多数农民工认为“收入和公共服务都很重要”“收入和公共服务都要兼顾”。反观现实，农民工社会保障的参保率不高，农民工享受基本公共服务的“实得”与农民工认定的“应得”间有明显落差，这较为严重地挫伤了农民工的公平感。由此，我们推断，农民工群体在城乡、城市间流动，基本公共服务的均衡性对其公平感有稳定、显著的影响，普惠性、便利性、充裕性三个维度对其公平感的影响并不稳健。实证分析发现，针对公共教育、医疗卫生服务、住房基本保障服务和社会管理服务四维度评价对社会公平感的影响，就全样本和市民群体看，四个维度的满意度对社会公平感均有显著的正向影响。四类公共服务的均衡性的满意度越高，农民工的社会公平感显著越强，除此之外，仅住房基本保障服务普惠性的满意度对农民工社会公平感有显著的正向影响。作为对比，四类公共服务的均衡性、普惠性的满意度对农民的社会公平感均有显著的正向影响，便利性的影响都不显著，公共教育、医疗卫生服务充裕性的满意度对农民社会公平感也有显著的正向影响，住房基本保障服务和社会管理服务充裕性的满意度对农民社会公平感的影响不显著。启示是，农民工在务工地享受基本公共服务，首要的不是便利性问题，而是如何能够做到更均衡，适当牺牲便利来解决问题是一种更务实的选择。

（5）笔者认为，与基本公共服务配置相关，其一是农民工与城市户籍居民间的群体结构。农民工与城市户籍居民间的不均等依照非竞争性和非排他性程度的强弱而有别。像义务教育，非排他性和非竞争性程度弱一些，也较易依户籍、居住证积分、房产证等标准进行区隔，户籍区隔较为明显，不均等程度更高，而农民工恰恰在这些公共服务上的需求和诉求更强烈。第二个结构是城乡结构。迫于无奈，一些农民工通过空间替代的模式享受基本公共服务，因此，基本公共服务配置的群体间不均衡等退化为城乡不均衡。不同类别的基本公共服务，在“空间替代”上存在难易，衍生的问题也各不相同，但是，随着农民工需求增多，诉求提升，“空间替代”模式带来的摩擦越来越大。第三个结构是不同基本公共服务的类别结构。从满意度视角进行分析，研究发现，公共教育、帮助穷人维护社会公平、养老保障方面的满意度对农民工的社会公平感有显著的正向影响，并且，各类公共服务满意度对老一代农民工和新生代农民工的社会公平感的影响有所差异，表现出代际分化特点。

（6）研究指出，基本公共服务配置结构的多重不均等、不均衡，并不能简单归咎于政府失责，否则便有失客观，过于片面。实际上，它是发展阶段失衡和政府失责双重因素带来的后果。过往偏向 GDP 的政绩考评机制是发展阶段型失衡的重要原因，导致经济建设类支出在一般预算支出中占比偏高。另外，还与中央和地方以及地方不同层级政府在公共服务支出上的财政负担结构紧密相关。具体而言，相对于一般预算支出，在公共教育等公共服务支出上，地方负担了更高的比例，并且在地方各层级政府中，主要是由直辖市的区或省（自治区）的市和县级财政负担，这是基本公共服务呈现群体不均、城乡不均的财政体制原因。

（7）笔者认为，基本公共服务配置中的决策参与具有双重价值，并通过两种机制影响农民工的社会公平感，其一是工具理性，其二是价值理性。工具理性是指，通过决策参与谋求更有利于自己的结果，提高“实得”；价值理性是指，把决策参与视为务工城市“本地人”的一项基本权利。

（三）研究方法方面

本课题尝试进行跨学科的研究，除社会学外，还大量参阅了经济学、管理学、教育学等学科的相关研究，借鉴了行为经济学和实验经济学新近的相关研究成果。

在研究中，综合应用了中国综合社会调查（CGSS）、农民工监测调查报告等公开的调查数据和报告，还深入工厂、企业等进行了自设问卷的调查和访谈，力争使研究数据能相互印证，使研究更加扎实。

本书利用多种资料、数据进行跨时比较和多维度、多视角的横向比较，通过比较揭示问题的现状和原因，比如，研究各类公共服务满意度评价对农民工公平感的影响时，还与各变量对农民和市民公平感的影响做了较为充分的比较。

四、研究的不足之处

首先，数据上。本书中，笔者综合运用了中国综合社会调查多个年度的数据，历年农民工追踪调查报告，以及笔者自己深入工厂、企业等调查的数据，以求互相印证，但都有一定的局限。中国综合社会调查是个体层面的微观数据，遗憾的是它还不是面板数据，计量分析时，就没办法控制不可观测的个体异质性，另外，历年的调查内容、变量也有或多或少的变动，使得跨年度的比较受到一定的影响。历年农民工追踪调查报告时间跨度较长，它是基于抽样调查的汇总数据，笔者无法获取个体层面的微观数据。在笔者自己进行的调查中，受限于人力和调查难度，调查的样本量尚不够大。在调研和分析时，笔者注意到，按城市规模分类，不同规模的城市在基本公共服务配置的群体结构上存在一定的差异，越是大城市，在基础设施、城市安全、环境保护等方面，农民工群体获得的公共服务数量更多，质量更优，而在义务教育、基本医疗保障等方面，如果农民工能够获取，无论是相对于农民工的户籍所在地，还是相对于中小城市，质量都是更优的，但在城市户籍居民与农民工的区隔方面，大城市的不均等程度可能相对更大。由于样本量不足够大，导致本书无法就这一问题展开深入分析。

其次，在研究中侧重于理论和机制分析，尤其注重分析农民工群体由于群体特征演变、代际分化、身份认同变迁所导致的比较对象的转换，进而要求与城市户籍居民在基本公共服务方面逐步要求享受基本同等的待遇，而反观现实，农民工在务工城市享受到的基本公共服务与城市户籍居民还有不同程度的不均等，这就产生了较大的张力，一定程度上挫伤了农民工的公平感。但受限于数据和指标，本书在这方面的实证分析尚不够深入。

最后，本研究是一项跨越学科的探索性研究，研究过程中，也尽力去尝试广泛参考经济学、社会学、心理学等学科的研究成果，但还有一些不成熟的地方，有待于今后继续深入这一主题的研究。

第二章　社会比较与公平：含义与机制

讨论公平感知，首先有必要厘清公平的含义。回溯以往研究发现，人们关于公平的内涵和外延，还存在不少分歧甚至有矛盾之处，产生分歧的原因何在？无论是从生活体验还是经验直觉，都发现人们的公平感知是由社会比较得来的，这中间的具体机制是什么？这是本章尝试探究的。

第一节　公平概念的多重内涵辨析

公平正义历来是人们价值追求的重要目标，甚至是首要目标。公平与平均、均等、平等、公正等概念有含义交叉。人们对公平的理解存在分歧，甚至互相对立、矛盾，原因是多方面的，不同用法含义上的区别为我们辨析公平的含义提供了线索。

首先，人们会用到规则公平和结果公平的说法，此时，结果公平通常强调结果的适度差距或平等甚至是平均，而规则公平则强调规则是一视同仁的、公正的。在使用初次分配公平和再分配公平时，含义上有所差别。在指向初次分配时，更多强调的是分配规则的公正，强调多劳多得、少劳少得和不劳不得，强调收入与付出的匹配，而在指向再分配领域时，又侧重于强调平等、平均的一面，强调为弱者提供必要的、基本的保障。归根到底，造成分歧的一个重要原因是，公平本身既有“公”的含义，又有“平”的含义，“公”的含义偏向于公正、正义，“平”的含义偏向于平等、均等。张春霖剖析了公平的多层具体含义。他指出，公平包含有“公”和“平”两层含义，二者并不是一回事。“公”意味着“公正”“公道”或“正义”，“平”意味着“平等”“平均”或“均等”。① 李骏和吴晓刚指出，收入分配的客观状况只是表面现象，造成一个社会普遍不满意和对社会稳定具有实质影响的是收入分配的公平、公正问题。② 这其实就包含了公平所包含的平等（收入差距）问题，以及背后的公正问题。但在日常生活中，人们通常又不会这么严谨地细分，导致产生误解。李海青指出，“效率优先”以及“初次分配注重效率”的提法本身由于在表述中单单强调效率而没有突出初次分配的“公平”内涵，这种表述的不完整也是造成社会认识异化的一个重要原因。③ 实际上，分配规则的公正很大程度上与效率是一致的，甚至是效率的前提。但“效率优先，兼顾公平”这样的政治语言容易让人在平等、平均的含义上来理解这里的“公平”。

其次，公平的评判既可以是个人利益无涉的客观的、公正的评判，但常常又难免与个人自身利益纠缠在一起。约翰·罗尔斯的

① 张春霖．公平何处求？——“质疑改革年”过后的思考［C］//吴敬琏．比较（第23辑）．北京：中信出版社，2006：69-86.

② 李骏，吴晓刚．收入不平等与公平分配：对转型时期中国城镇居民公平观的一项实证分析［J］．中国社会科学，2012（3）．

③ 李海青．“更加注重社会公平”是对“效率优先、兼顾公平”的批判与否定吗？［J］．伦理学研究，2010（6）．

《正义论》有重要的“无知之幕”（Veil of ignorance）理论，它强调的是，在不知道自己走出幕布后将会处于何种地位何种角色的情况下，讨论社会的公平正义原则，避免因为既得利益给出不公正的准则。① 但在现实中，人们的公平评判通常又与自己的切身利益紧密相关，比如人们可能会高估自己的付出和贡献，低估比较对象的付出和贡献，从而认定自己受到了不公正对待。

最后，经济社会在不断发展，人们对公平的内涵、评判标准、评价维度也在不断地变化，人们的公平观也在不断地演进。比如在计划经济时代，一味追求平均，收入、分配的差距被限定在很小的范围内，虽然收入及各种待遇、福利的分配与工龄、级别等挂钩，但联系并不十分紧密。这种情形下，稍微大一些的差距都被认为是不公平、不公正的，但在市场经济条件下，人们的公平观发生了非常大的变化，对收入差距的接受度、容忍度在提高。

综上，剖析公平的含义，并为后续分析农民工的公平感做铺垫，我们首先要考虑到公平之“公”和“平”两层含义。其次，评判公平与否和公平程度，要区分不同的领域，或曰不同的评判对象。接下来的分析表明，针对收入分配和针对基本公共服务，人们对于“公平”有十分不同的理解。最后，要置于中国经济社会发展的现实情境中，考虑中国改革开放四十多年来中国市场经济的发育，以及人们公平观的转变，考虑到中国城乡二元分割的制度藩篱逐步在松动的变迁过程。

---

① ［美］约翰·罗尔斯．正义论（修订版）［M］．何怀宏，何包钢，廖申白，译．北京：中国社会科学出版社，2009：100-110.

第二节 公平偏好与社会比较中的参照点依赖

在主流经济学的经典分析范式里，效用是个人所消费商品的增函数，即商品消费与效用符合“多多益善”原则。与此同时，存在边际效用递减规律。效用函数的这种基本界定被广泛应用，被拓展到了经济学之外。这种关于效用函数的设定隐含了许多假设，至少但不限于：第一，经济学是个人主义的，只关心个人所得，别人所得的多寡不会影响到自身效用。第二，人们关心的是结果的绝对值，并且是相对于零的绝对值。这种高度抽象的假设在大部分情况下是适用的，但是越来越多的研究者指出这种设定具有片面性，并从不同的角度进行了修正。黄有光指出，传统消费理论的主要局限不在于采用效用最大化的方法，而是在于只考虑消费者本人的消费量。他认为，只要在效用函数中加上其他的有关变量，包括其他人的消费量、社会上人们财富分配的均等化程度等，效用最大化的分析几乎可以包罗万象。① 因此，一个拓展的方向是，让收入或财富分配进入个人的效用函数。他进一步指出，分配影响人们偏好的途径至少有两种，其一是人们直接对分配的平均程度有偏好，通常假定人们偏好比较平均的分配；其二是分配的平均程度影响其他变量，对人们的效用产生间接影响，比如，分配越不平均，社会越不和谐，犯罪率越高。黄有光处理的一种方式是，对以上两种影响机制不加区分，把分配的平均程度当作一种公共物品，直接进入个人的效用

① 黄有光．经济学何去何从？——兼与金碚商榷［J］．管理世界，2019（4）．

函数进行分析。①

随着行为经济学、实验经济学等学科的兴起和不断发展，主流经济学片面的假设从不同的角度被修正，效用函数相应地被改写，以上几点假设都不同程度地被突破了。

其一，“公平偏好”和“不均等厌恶”。一些实验发现，人们不但会关心自己的收益，还关心他人的收益，关心收益的分配是否公平（或均等）。以经典的最后通牒博弈实验为例，简洁的实验设计是，一定金额的金钱在两人之间进行分配，一人是提议人，另一人是回应人。首先由提议人提出一个分配方案，将总的金额在两人之间进行分配。然后轮到回应人做出决定，回应人要么选择接受提议人的分配方案，要么选择拒绝。规则是，如果选择接受，则按照提议人提出的方案进行分配；如果拒绝，则双方都一无所得。如果按照主流经济学的经典假设，边际效用为正，则对任何正的消费，都是多多益善的。那么，自然的推论便是，无论提议人分配给对方的金额有多少，回应人都会选择接受。但实际上，很多实验都发现，如果提议人提议给对方的金额过少，回应人很可能拒绝，认为分配方案不公平，宁可“鱼死网破”。这一实验充分表明，人们不但关心、在乎自己的实际所得，也会关心和在乎相关群体的所得，关心收益在群体中是如何分配的。

其二，“参照点依赖”。Kahneman 和 Tversky 的前景理论揭示，人们的效用不是取决于绝对量，而是取决于结果相对于参照点的变化量。前景理论的效用函数可以用图 2.1 直观地展示。在图 2.1 中，

---

① NG Y K. Income Distribution as a Peculiar Public Good: The Paradox of Redistribution and the Paradox of Universal Externality [J]. Public Finance, 1973, 28 (1): 1-10.

损失和收益并不是相对于零，而是相对于参照点而言。这意味着，如果高于参照点，是一种“收益”，如果低于参照点，是一种“损失”。收益会带来正效用，损失会带来负效用。无论是对收益还是对损失而言，边际效用的绝对值都是递减的。①

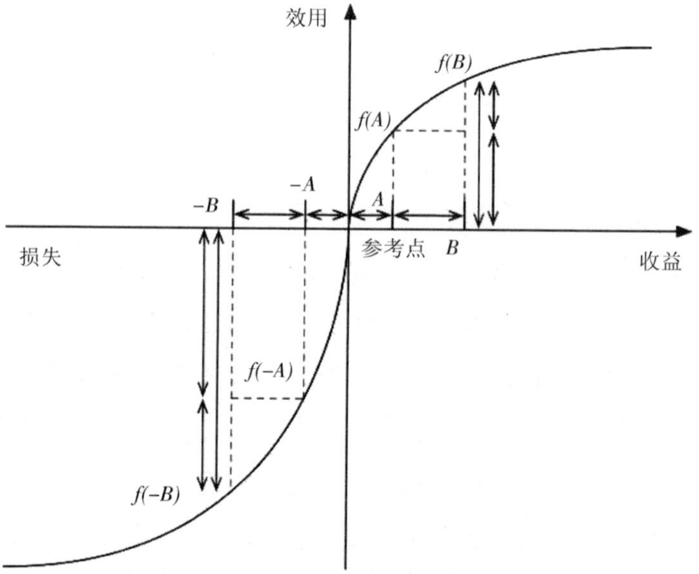

图 2.1　前景理论：参照点依赖与损失厌恶

更为关键的一点是，等量损失比等量收益产生的效用的绝对值更大。这即是人们在现实中经常表现出的“损失厌恶”心理。举例来讲，5 个单位收益带来的效用值要小于 5 个单位损失带来的负效用的绝对值。在图 2.1 中，$f(A)<|f(-A)|$，$f(B)<|f(-B)|$。

公平感可以视为经济学广义效用的一种，与以上研究相呼应：

其一，显然，无论是收入分配也好，还是基本公共服务的配置

① KAHNEMAN D, TVERSKY A. Prospect Theory: An Analysis of Decision under Risk [J]. Econometrica, 1979, 47 (2): 263-292.

也好，不但是个人实际获得的收入或享受到的公共服务会影响到个人的公平感，而且，人们会关心整个社会收入分配的状况，关心基本公共服务的配置结构，比如在城乡之间的配置，区域之间的配置，在不同群体（如城市中户籍居民与农民工）之间的配置。人们并不是只在意自己的所得，还在意相关群体的获得和享有水平。

其二，现实中，人们关心的是损益，是相对于某个参照点的“损益”。参照点可能有多个，并且不同的群体参照点也可能不同。我们后续的分析表明，农民工群体在分化，老一代农民工主要关心收入，主要是与在家务农收入进行比较，一般来讲，外出务工收入高于务农收入，所以，基于这种参照点比较，是一种正效用，带来公平感的提升。但是，新生代农民工不但关心收入，还关心基本公共服务的提供，即是，比较的内容构成、权重在发生变化。而关心基本公共服务如何配置时，参照点也在发生变化，比较的参照点开始转向城市中的户籍居民。显然，这种比较之下，农民工处于不利的地位，是一种“损失”，带来一种负效用，一定程度上挫伤公平感。

第三节　社会比较与公平：“实得”与“应得”的对比

公平是比较出来的，以往学者在讨论社会比较时，主要侧重于讨论比较的对象和比较的内容，也有讨论到比较的方向（上行比较、下行比较和平行比较）的。Williams，Medaniel 和 Neuyen 在分析薪酬满意度时，讨论了一般比较、组织内部比较和组织外部比较的影响，发现相关程度各有不同。① Rice，Philips 和 Mcfarlin 的研究发现，当自己把薪酬与不同标准，如期望薪酬、他人薪酬、本地区平均薪酬、最低工资标准相比较时，比较的标准越高，自己的薪酬满意度越低。② 追溯以往研究发现，以往文献关于比较对象的设定可谓十分丰富，与之相伴，对于比较内容的设定也就相应地丰富起来。但问题在于，这些研究多是实证研究，把比较对象的收入等内容作为一个解释变量放入计量方程，理论分析的文献相对不足，以至于比较对象和比较内容的设定显得过于随意而缺乏足够的信服力。其实，问题的本质在于，人们比较的规则究竟是什么？即是，究竟人们在与谁比较，比较什么，人们究竟是根据什么样的标准来判断公平与否的。

我们认为，公平的评判，从本质上来讲，即是比较——“实得”与“应得”的比较。“实得”指当事人收益的多少，比如收入的多少，或享受到的公共服务的数量和质量。而“应得”则指他认为自己理应获得的收益，比如收入的多少，或应该享受到的公共服务的数量和质量。其实，前人的一些研究已经在这一点上启发了我们。比如，有研究认为，雇员的薪酬满意度取决于从组织内部获得的报酬与他们为获得报酬付出劳动应该得到的报酬的比较。Lerner 认为，公平感是一种信念，是关于得到了其应得的信念。③ 另外，Adams 的

① WILLIAMS M L，MEDANIEL M A，NEUYEN N T. A Meta-analysis of the Antecedents and Consequences［J］. Journal of Applied Psychology，2006，91（2）：392-413.

② RICE R W，PHILIPS S M，MCFARLIN D B. Multiple Discrepancied and Pay Satisfaction［J］. Journal of Applied Psychology，1990，75（4）：386-393.

③ LERNER M J. The Belief in a Just World：A Fundamental Delusion［M］. New York：Plenum Press，1980：9-30.

公平理论给我们更直接的启示。他认为，公平与否，是自己的报酬与付出之比与他人报酬与付出之比作横向比较。① 如果自己的报酬与付出之比大于他人的，则觉得公平，如果小于别人的，则觉得不公平。而无论是报酬还是付出，外延都是较宽的。就报酬来讲，包括收入、福利、荣誉、服务、工作成就感等；付出包括工作能力、经验、技能、技术和努力等。

如果用公式来表示，即为

$$公平度 = \frac{INCOME_{self}/EFFORT_{self}}{INCOME_{others}/EFFORT_{others}}$$

其中，$INCOME_{self}$ 代表自己所获得的回报，$EFFORT_{self}$ 代表自己的投入（努力、付出等）；$INCOME_{others}$ 代表比较对象的回报，$EFFORT_{others}$ 代表比较对象的投入（努力、付出等）。分子可以理解为自己单位投入的回报，而分母可以理解为比较对象单位投入的回报。

如果等式右边等于 1，则自己的投入回报比与比较对象的投入回报比相等，是公平的。如果等式右边大于 1，则意味着自己的投入回报比要高于比较对象的投入回报比，客观上讲是一种“多得不公”，但作为当事人通常更乐见。如果等式右边小于 1，则很明显，自己的投入回报比要低于比较对象的投入回报比，自己处于“少得不公”的地位。那么，出于追求公平的动机，当事人的理性选择包括：要么要求公司提高回报（如果无法满足可能“用脚投票”——辞职），要么通过消极怠工等方式降低投入，以使得自己的投入回报比处于公平的状态。

---

① ADAMS S. Towards an Understanding of Inequity［J］. The Journal of Abnormal and Social Psychology，1963，67（5）：422-436.

其实 Adams 的公平度公式可以稍做变换，如下：

$$公平度 = \frac{INCOME_{self}}{\dfrac{INCOME_{others}}{EFFORT_{others}} \cdot EFFORT_{self}}$$

其中，分子 $INCOME_{self}$ 代表个人实际所得回报，是“实得”。分母中的 $\frac{INCOME_{others}}{EFFORT_{others}}$ 代表的是参照对象的投入回报比，再乘以 $EFFORT_{self}$ 则是指，按照参照对象的投入回报比，自己的投入理应获得的回报，即是“应得”。所以，经变换后的上述公式表示的正是“实得”与“应得”的比值。即是说，回报与投入比值的人际比较，是评判自己所得公平与否的重要指标。一般情况下，大于等于 1 被认为是公平的。

“实得”的度量相对简单，自己“心知肚明”，关键在于对“应得”的测度。在社会化大生产背景下，分工协作成为普遍现象，分工日益深化和细化，产品价值和利润的实现经历多道工序，无论是自己的贡献还是他人的贡献，其实无法完全区隔开来。因此，对于“应得”的判断，无论是对于自己的贡献，还是他人的收入①和贡献，都有一个估算的过程。当然，虽然是估算，毕竟有一些客观指标作为参考。比如，对于自己和他人贡献的估算，涉及工作时间的长短、工作环境的优劣、工作强度的大小、工作复杂程度高低等，有比较可靠的参考依据。对他人收入的估算，有职称、职级、职位、工龄、工作量等作为判断依据。

Adams 的公平理论给我们关于公平评判的重要启示，不过常被

① 通常工资不是完全公开和透明的，企业中尤其是私营企业、外资企业实行工资保密制度。

忽视的一点是，Adams 的公平理论讨论的是组织内部的公平，主要是与我们当今奉行的“按劳分配”“按贡献分配”的分配原则和制度相契合，这种分配正义即是多劳多得、少劳少得、不劳不得。但遗憾的是，这种公平理论常常被有意无意地扩展为各个领域的公平准则。在本章第一节中已经指出，公平既有“公”的含义，又有“平”的含义，在指向不同的领域时，侧重有所不同甚至差异很大。比如，当我们讨论收入分配的公平和基本公共服务配置的公平时，公平的含义其实有非常大的差别，公平的评判准则差异很大。从根本上讲，是因为评判的领域不同，人们判断“应得”的准则不同，甚至有较大差异。

接下来，结合中国的现实情境着重分析人们的公平观。这一现实情境，既有“不患寡而患不均”的传统价值观念，又叠加了市场化改革的持续推进已然对人们包括公平观在内的多重价值观念带来较大冲击。这一现实情境，既有由城乡户籍区隔所带来的福利待遇、价值观念等多重区隔，又叠加了城乡一体化进程中城乡区隔逐步消融所带来的身份认同、居留观念等方面的多重变迁。

第三章 基本公共服务配置与农民工的公平感知

——以收入分配公平作为参照

第一节 中国现实情境中的收入分配公平

——“分配与贡献成比例”加“适度差距”

一、市场经济条件下的分配公平：“分配与贡献成比例”加“适度差距”

人们关于公平的观念和客观表现出来的对于公平与否的主观感知，与一个国家实行的经济体制和分配制度是紧密相关的，因为这些是人们形成公平观最重要的基础。尤其是对中国来讲，在改革开放以前实行计划经济体制，这种体制下，尽管也有工资和福利待遇（如分房、办公室配备）等方面的差异，但是，一方面，整体上来讲差异不大，被控制在非常有限的范围之内，另一方面，工资和福利待遇的差异通常也是与工龄、级别等挂钩，而这些因素其实与生产劳动中的努力与贡献联系相对较弱。在这种体制下，人们普遍接受接近于均等的分配规则，并认为这才是公平的。改革开放以后，我国逐步开始探索建立商品经济和社会主义市场经济，在四十余年的改革进程中，市场化的程度整体上不断提升。与此同时，人们的市场化观念也随之增强，由于贡献、努力等获得更高的收入和回报越来越被人们认可。正如魏钦恭、张彦和李汉林所指出的，随着社会的发展，人们逐渐树立了有关收入分配的能力主义原则，收入分配的合法性基础正在发生着向市场分配的转变，使持有能力取向的群体能够更为理性地看待收入差距。① 市场经济体制下，由于主观努力等方面的差异，人们的贡献必然是有差异的，一味要求平均，反而是不公正、不合理的，在“公正”的含义上是不公平的。

人们考虑收入分配的“应得”水平时，首先自然是将自己视为一个经济人。但即便是在经济分配领域，人们同时又是一位“社会人”，嵌入于特定的社会结构中，有自己的社会尊严，努力追求社会地位。这种“社会人”的属性更倾向于把社会成员一视同仁，相应地就要求“一视同仁”地分配。这种基于“社会人”属性的分配主张就与基于“经济人”的所得与贡献成比例的分配主张有所冲突。这种冲突的结果不是一方取代一方，不是完全要求均等或完全按贡献分配而置任何程度的收入差距于不顾。两种规则“冲突”博弈和妥协的结果是，一方面要求分配体现贡献，另一方面又要求差距保持在一个适度的范围内。而至于何种程度的差距才是“适度”的，与人们长久形成的分配观念紧密相关。比如，中国人历来有“不患

① 魏钦恭，张彦，李汉林．发展进程中的“双重印象”：中国城市居民的收入不公平感研究［J］．社会发展研究，2014（3）．

寡而患不均”的观念，而且经历了计划经济时代相对均等化的分配制度，这在一定程度上都影响人们对于何谓“适度”的评判。另外，人们在收入分布中的位置排序，社会流动渠道是否畅通，都会影响人们对于“适度”的评判。

当农民工群体进入城市务工时，无论是进入的机会，还是工资和福利待遇方面，还存在一定的户籍歧视。但从另一个角度看，随着我国市场经济的发展，“多劳多得、少劳少得、不劳不得”的分配原则正在不断深入人心，也被农民工群体所逐渐接受。换言之，就农民工群体对收入分配的观念而言，无论是看自身与城市居民的收入差距，还是看其内部的收入差距，部分是能力和努力使然，是“按贡献分配”的必然结果。

二、市场经济体制下的分配公平：行为经济学的启示

近年来，行为经济学和实验经济学通过一系列精巧的实验来揭示人们复杂的公平偏好，最后通牒博弈实验最为经典。这类实验在不同情境下的操作，有一些微妙的差异，但有一些普遍的结论。比如，如果提议者提议的分配方案留给自己的太多，分配给回应者的太少，通常回应者宁可“鱼死网破”——拒绝提议，从而双方均一无所获。

研究者们通常是从公平偏好和不均等（不平等）厌恶的角度进行解释。回应者以一个正的份额的损失为代价惩罚提议者不公平的分配方案，因为在回应者看来，提议者的分配方案有失公平。实际上，通常提议者也不会（或者说不敢）给对方非常低的分配比例，提议者对于回应者的公平偏好或不平等厌恶也是有充分的预判的，并不敢太贪婪，如果提议给对方的分配份额比较太小，对方很可能

会拒绝。既往研究发现，当回应者所获份额低于总金额的20%时，回应者通常会拒绝分配方案。① Zhou 和 Wu 设置了多种不均等程度的分配方案，其中对于获益情境，设置5/5、4/6、3/7、2/8、1/9等五种分配方案；而对损失情境，设置-5/-5、-6/-4、-7/-3、-8/-2、-9/-1等五种分配方案。② 研究发现，回应者对分配方案的拒绝率随着分配方案不公平程度（这里用不均等程度代替）的提高而增加，特别是相对于获益情境，在损失情境中，回应者对不公平方案的拒绝率更高，表明人们对损失情境中的不公平性更敏感。③ 所以，无论是站在提议者的角度，还是站在回应者的角度，都有“公平”的偏好。人们的不平等厌恶和公平偏好，其实内在隐含了判断公平与否的某种规则——“适度差距”。

要指出的是，将“公平”等价于不均等厌恶，过于粗浅。其实，最后通牒博弈实验不但揭示了人们对于公平的偏好，表现为容忍的收入差距有一个限度，而且也揭示了人们对于所谓的公平，遵循某种“应得”规则，“实得”距离“应得”保持在一定范围内，能够被人们接受，而一旦超过某种限度，则不为人们所接纳。即是，“公平”偏好不是要求绝对均等。从提议者的提议看，通常既不会给对方太少，但通常也会低于50%，而对于一个不是太少的分配方案，回应者通常也是能接受的。这背后意味着，提议者作为提议方，有分配的权力，能够相对多占，而回应者并不是要求绝对均等，略低于50%的分配方案回应者能够接受，即回应者在内心认可提议者因

---

① FEHR E, FISCHBACHER U, GäCHTER S. Strong Reciprocity, Human Cooperation, and the Enforcement of Social Norms [J]. Human Nature, 2002, 13 (1): 1-25.

② 斜线前的数字表示分配给回应者的数额，斜线后的数字表示留给自己的数额。

③ ZHOU X L, WU Y. Sharing Losses and Sharing Gains: Increased Demand for Fairness under Diversity [J]. Journal of Experimental Psychology, 2011, 47 (3): 582-588.

分配权力而适当多占。Krawczyk 通过实验的方法揭示，人们对于公平的认定和分配方案的选择，与收入是如何获得的紧密相关。他设计了两种实验情境，一种是参与者的最终胜负取决于随机抽签等完全凭运气等方式，然后让参与者决定转移支付的额度；另一种是参与者的最终胜负取决于参与者在实验中的具体表现，然后再让参与者决定转移支付的额度。结果发现，第二种情境下，实验参与者平均的转移支付额度要低 20%左右。① 人们分配方案的选择，其实可以视为人们分配公平观的外在反映。该实验两种实验情境的对比揭示，相对于完全凭运气，人们在付出努力的情况下，就会考虑自己分享得更多，分出更少的份额。这实质上也体现了一种“分配与贡献成比例”的分配公平观。

三、市场经济体制下的分配公平：经验证据

综合前述分析可知，在中国当前的情境下，人们的分配公平观是“分配与贡献成比例”和“适度差距”的叠加。

在 CGSS2015 中，调查了人们对于收入分配的观念，询问对“现在有的人挣的钱多，有的人挣得少，但这是公平的”的同意程度，整理如表 3.1 所示。

表 3.1 各群体的收入分配公平观

群体类别	非常同意	同意	无所谓	不同意	非常不同意	样本量
全样本	10.55%	54.24%	10.70%	19.49%	3.60%	10813

① KRAWCZYK M. A Glimpse through the Veil of Ignorance: Equality of Opportunity and Support for Redistribution [J]. Journal of Public Economics, 2010, 94 (2): 131-141.

续表

群体类别	非常同意	同意	无所谓	不同意	非常不同意	样本量
农民工	11. 14%	56. 76%	8. 81%	19. 90%	3. 4%	2146
农民	12. 36%	57. 84%	10. 40%	16. 19%	3. 21%	4701
市民	8. 46%	50. 76%	12. 49%	23. 97%	4. 31%	3946

从中可见，无论是全样本，还是农民工、农民与市民，对于收入的差距都有较大程度的容忍，“非常同意”和“同意”合计的占比依次是 64. 79%、67. 90%、70. 20% 和 59. 22%，基本超过 60%，“非常不同意”的占比很低，最高也仅为 4. 31%，“不同意”和“非常不同意”合计占比依次是 23. 09%、23. 3%、19. 4% 和 28. 28%，低于 30%。

表 3. 2 各群体持不同收入分配公平观的平均收入

公平观	非常同意+同意		不同意+非常不同意	
群体类别	平均年收入（元）	样本量	平均年收入（元）	样本量
全样本	32489. 24	6715	31037. 74	2398
农民工	39378. 42	1377	36758. 15	480
农民	18158. 91	3084	9675. 22	845
市民	47663. 97	2243	45353. 82	1069

在表 3. 2 中，计算了对现实收入差距持不同看法的人群的收入情况，全样本、农民工、农民和市民对收入差距持“非常同意”和“同意”看法的，平均年收入分别为 32489. 24 元、39378. 42 元、18158. 91 元和 47663. 97 元，而持“不同意”和“非常不同意”看法的，全样本、农民工、农民和市民的平均年收入依次是 31037. 74

元、36758.15元、9675.22元和45353.82元。对比发现，平均收入越高，越可能对“收入差距是公平的”持赞同意见。这表明，人们关于收入差距是否公平的主观评判与自己的经济收入水平高低有一定的相关性，但综合表3.1和表3.2可以发现，无论哪个群体，人们对于收入差距都有一定的容忍性，基本是持赞同意见。

四、市场经济体制下的分配公平：再分配偏好研究的证据

许多研究者关注人们的再分配倾向或再分配偏好。现实中人们对于收入分配状况的评价和再分配的偏好，不仅受经济利益的驱动，而且在很大程度上也受到公平信念和公平感知的影响。[①②] 再分配偏好与人们自身的利益有关，因此，自然而然的推理是，再分配倾向与人们在收入分配序列中的位置有关，许多实证研究也证实了这一点。结构决定论用社会结构特征解释分配公平感，试图从社会结构的不同群体出发探究公平感的归类及成因。研究发现，社会结构中越是处于优势地位的群体越容易认可现有的收入分配制度。比如有研究就发现，收入、受教育程度、职业声望等社会经济地位越高的群体，更容易认为自己的收入所得是公平的。[③④] 但是，进一步的研究发现，再分配偏好既与收入分配是否“平”有关，也与收入分配是否“公”有关。

---

① Piketty T. Social Mobility and Redistribution Politics [J]. Quarterly Journal of Economics, 1995, 110 (3): 551-584.

② Alesina A, Angeletos G. Corruption, Inequality, and Fairness [J]. Journal of Monetary Economics, 2005, 52 (7): 1227-1244.

③ 李骏，吴晓刚．收入不平等与公平分配：对转型时期中国城镇居民公平观的一项实证分析［J］．中国社会科学，2012（3）．

④ 翁定军．阶级或阶层意识中的心理因素：公平感和态度倾向［J］．社会学研究，2010（1）．

从“平”的方面讲，再分配倾向与不平等的程度有关，即与差距是否适度有关。Moene 和 Wallerstein 的研究也指出，收入不平等与再分配偏好之间并不是简单的线性关系，而是 V 型关系。这是说，当收入不平等比较温和时，居民的再分配偏好与收入不平等负相关，当收入分配十分不平等时，居民的再分配偏好与收入不平等正相关。① 关于收入不平等与幸福感的研究也佐证了我们的观点。王鹏使用 2006 年中国综合社会调查数据进行研究，发现收入差距对主观幸福感的影响呈倒 U 形，临界点在基尼系数为 0.4 的水平。② 这意味着，人们并不是厌恶任何程度上的收入不平等，只是收入不平等的程度不能过高。收入不平等的效应还与社会流动性相关，Senik 指出，当不平等被认为是源于个人努力、业绩而不是家族遗产时，不平等更可接受。美国人相对欧洲人更能接受不平等，更不支持收入的重新分配，主要是因为美国人相信社会潜在的高流动性。③

从“公”的方面讲，再分配倾向与分配是否公正有关。徐建斌在分析中国居民的再分配偏好时，考察了收入不平等对居民再分配偏好的影响。他将主观收入不平等分解为两部分，一部分是合理的、公平的不平等，一部分是不合理、不公平的收入不平等。实证分析发现，合理的、公平的不平等能弱化再分配偏好，提高对收入分配状况的认同度。而不合理、不公平的收入不平等，会提高再分配倾

---

① MOENE K, WALLERSTEIN M. Inequality, Social Insurance, and Redistribution [J]. American Political Science Review, 2001, 95 (4): 859-874.

② 王鹏. 收入差距对中国居民主观幸福感的影响分析——基于中国综合社会调查数据的实证研究 [J]. 中国人口科学, 2011 (3).

③ SENIK C. Direct Evidence on Income Comparisons and Their Welfare Effects [J]. Journal of Economic Behavior and Organization, 2009, 72 (1): 408-424.

向，更加不认同收入分配状况。[①] 徐建斌的分析根本上也是认为，收入分配的公平存在两重含义，一个是“平”，一个是“公”。在不平等的情况下，里面既有“公”的一部分，也有不公的一部分。考虑现实中的收入差距，确实也是分配公平与分配不公的叠加。Fong 利用盖洛普民意社会调查 1998 年的数据，通过区分高收入组和低收入组，研究发现，即便不考虑经济利益动机，如果人们认为个人成功取决于父母、家庭、运气等因素，显著具有更强烈的再分配倾向。如果人们认为个人成功取决于教育、个人努力、进取心等，则对再分配偏好有显著的负向影响。[②] 潘春阳和何立新的研究指出，中国居民的再分配偏好不但存在对自身利益的考虑，也有显著的追求公平的动机。[③]

五、本节小结

公平可以从不同的角度剖析内涵，可以细分为分配的过程公平，也可以指分配的结果公平，当然，从更宏观的角度看，当我们讨论收入分配的公平感知时，是囊括了过程公平和结果公平的综合评价。过程公平主要是机会的均等，规则的公正，所谓公正，是说包括劳动在内的各种生产要素依据各自的贡献取得收益。这种按贡献分配带来的结果上的不平等具有某种合理性和公正性，是一种“公正的不平等”。结果的公平包含了不平等程度不能太大。这就决定了，公平与不平等有相关性，但不是完全等同的概念。不平等程度过大，

---

① 徐建斌. 中国居民的再分配偏好及其影响机制研究［D］. 武汉：华中科技大学，2015.

② FONG C. Social Preferences, Self-interest, and the Demand for Redistribution［J］. Journal of Public Economics, 2001, 82（2）: 225-246.

③ 潘春阳，何立新. 个人利益、分配公平与再分配偏好［J］. 南方经济，2012（11）.

基本上可以认定必然有不公平存在。但是，有一定程度的不平等并不代表就不公平。反过来，在能力、贡献等有差异的情况下，绝对的均等反而是不公平的。

第二节　户籍区隔下农民工关于基本公共服务的公平感知

——从“空间替代”模式转向“待遇趋同诉求”

回溯文献发现，过往关于公平感的研究，主要是关注分配公平感，即便是研究总体公平感（或宏观公平感），主要也是讨论收入水平、收入不平等、社会经济地位等与收入紧密相关的因素对总体公平感的影响。也有研究者讨论了基本公共服务的提供对总体公平感的影响，通常也只是把公共服务视为像收入一样，是影响公平感的一个因素而已，并不讨论人们评判基本公共服务公平的准则。观照中国的现实，基本公共服务在城乡之间、区域之间、城市之间和群体之间，尽管在朝着均等化的目标迈进，但不均等仍是客观存在的现实，加之还存在多种所有制（国有、外资、民营）及多种实现形式，基本公共服务供给制度各有差异，整体上呈现“碎片化”特征。这就导致某些基本公共服务的享受存在城乡、区域、不同性质单位间的区隔。因此，当我们研究农民工群体的公平感时，尤其是关注基本公共服务的配置对其公平感的影响时，就不得不考虑中国由户籍所带来的城乡二元藩篱及城乡一体化持续推进的进程，以及在这个过程中农民工群体关于公共服务“实得”与“应得”的时代内涵及其演变。

显然，伴随着农民工进城，无论在任何一个时期，农民工都会享受到一定的基本公共服务。有些基本公共服务的享受带有“随身性”，但有些公共服务如义务教育、基本医疗保障等，能否享有以及享有的程度，则取决于务工所在城市相应的政策。但是，有些基本公共服务，在务工城市无法享有并不代表就完全享受不到，比如子女的义务教育，如果无法在务工城市入学，可以在户籍所在地享受。农民工实际所享受到的基本公共服务的数量、质量、结构等维度，都有一个演进的过程，这是农民工享受基本公共服务的“实得”水平。但前面分析已经指出，公平是比较出来的，是“实得”与“应得”的比较。所以，问题的关键仍然是分析农民工群体关于基本公共服务“应得”的演进历程。

一、农民工进城之初：差别化基本保障体制下的“空间替代”

政府提供均等化的基本公共服务，是其内在的职责。在中国社会保障逐步完善的历史过程中，首先保基本，同时采取了差别化的保障制度。本质上讲，中国的一些基本公共服务的供给制度因城乡、单位性质、所有制等不同而有差异，有“碎片化”特征。在改革的进程中，基本公共服务中的社会保障等在逐步地一体化，但从形式上的一体化走向实质上的一体化需要一个过程。因此，我们将其概括为“差别化的基本保障体制”（见表3.3）。

表3.3　基本公共服务供给的差别化保障体制与空间替代

基本公共服务类别	能否“两地”转换	空间替代性强弱	衍生问题
公共安全服务	不存在空间转移问题	无须替代就地享受	难以户籍区隔，不同群体很公平，基本没问题

续表

基本公共服务类别	能否“两地”转换	空间替代性强弱	衍生问题
义务教育	可转换	较强	①在农村享受，有留守儿童问题 ②在城市寻求私立，成本高 ③在城市务工但无法享受
基本医疗保障	可转换	分情况 门诊服务替代性极弱 住院服务替代性较强	①门诊服务就医费用高 ②住院服务手续烦琐，往来不便、费用高、成本高等
住房公共服务	不可转换	极弱	尽可能压低住房的成本支出，住房条件较差

基本公共服务种类不同，农民工能否在“两地”（流出地和流入地）之间进行空间转换是有差异的，进而，可归结为公共服务跨空间享受的替代性强弱程度是不同的，随之而来的是，衍生出来的问题也就各不相同。

比如，对于公共安全服务，其有随身享受的特点，本身也不存在跨地区转换的问题，而这类公共服务，本身也难以在不同户籍群体间区隔，因此无论哪个群体，在某个城市享受到的公共安全服务基本上无差异。

对于义务教育，当进城农民工无法在城镇获得充分的公共服务时，或考虑到成本过高时，农民工选择退回到流出地，在户籍所在地享受相应公共服务。因此，这类公共服务在空间上可以两地转换，替代性较强。但衍生出来的问题是，如果选择在流出地享有此类公共服务，就可能出现留守儿童问题，至少外出的父母与子女之间是

“聚少离多”。如果不愿意在流出地享有，而城镇提供的此类公共服务又不够充裕时，只能寻求私立学校但成本过高，或者根本享受不到，出现一定的“服务盲区”。

对于进城农民工来说，关于基本医疗保障公共服务，如果只办理城镇职工医疗保险，在城镇就医时仍有成本高的问题，尤其是住院费用高昂，农民工考虑到自己的收入水平，感到难以承受。如果只办理新型农村合作医疗保险（或整合后的城乡居民基本医疗保险），在目前的推进情况下，门诊服务无法跨地享受，空间替代性极弱，只能自费，存在费用高的问题。对于住院治疗，既可以在流出地享受，满足转诊的条件又可以在定点医疗机构进行跨地区治疗，替代性较强，不过，符合条件的转诊地通常并不是农民工的务工所在地（一般先在省内不同层级医院转诊），另外，转诊地通常是更高行政层级的城市，陪护成本高，办理相关手续还不够便捷。对于农民工群体来讲，有的只在流入地或流出地中的一个参加基本医疗保险，有的是两边都参加，有的是两边都没参加，所以衍生出的问题就更加复杂。

对于住房公共服务，无论是省内流动还是跨省流动，由于流入地与流出地存在空间上的区隔，使得基本不可能在流出地和流入地之间进行此类公共服务的空间转换，所以其空间替代性极弱。由此衍生出的问题是，当农民工在流入地无法享受到较好的住房公共服务时，通过集体宿舍、工棚、群居等方式解决住宿，即便是向市场租房，通常也尽可能地压低租房支出，住房条件较差。

我们前面列举和分析的几类基本公共服务，在两地转换上，从不存在转换问题、可以转换到不可转换，逐步过渡。在空间替代性上，从无须替代、较强、一般到极弱。与每一种情况相对，衍生出的问题各不相同。在城乡差异化的公共服务供给体制下，农民工进城在基本公共服务享受上的矛盾一开始并不十分尖锐，甚至说一开始根本不尖锐。一方面的原因是，一开始农民工的需求尚不强烈，另一方面的原因是，尽管各类基本公共服务空间替代性的强弱并不相同，在流入地和流出地间的空间替代缓解了矛盾。

但是，随着改革的持续推进，农民工群体在年龄结构、学历结构、权利意识等很多方面发生改变，这对农民工群体关于基本公共服务的公平感知产生了深刻的影响，进而影响其公平感知。

二、特征演变中的农民工公平感：愈加要求基本公共服务的“待遇趋同”

对农民工群体的研究发现，尤其是当学界开始关注农民工的群体分化，并提出新生代农民工的概念，并据此将农民工群体划分为老一代农民工和新生代农民工时，相当多的研究关注了两代农民工之间的系统差异。比如，许多研究指出，老一代农民工外出务工目的十分单纯，就是谋求比在家务农更高的收入，其对于享受城市的基本公共服务，本身需求不高，基本处于无要求状态。但时过境迁，已有研究揭示，农民工群体对于城市的基本公共服务，已经从基本不需要、无所谓的状态逐渐地转向了非常需要和渴望、十分在乎的状态。

缘何出现这种情况？笔者认为，根本上讲，是农民工群体尤其是新生代农民工群体的身份认同发生了重要的变化，而这种身份认同的改变也引发了农民工比较对象的变化。卢楠和王毅杰的研究与笔者有相似之处，他们主要关注的是人们主观意识同他们客观位置相分离的现象。在用社会比较理论解释这一现象时，他们指出，在社会剧烈转型的过程中，人们进行社会比较的参照范围正在发生变化。他们的研究发现，总体上，人们进行社会比较最重要的仍是“局部参照”；分世代来看，60后和70后倾向于“局部参照”，80后和90后人群倾向于“总体参照”。这种参照系的世代差异体现了当代中国社会的参照系由“局部”到“总体”的变化趋势，同时也体现了中国市场转型过程中的社会生活环境对不同世代的影响。① 他们的研究暗含了一个重要的信息，即是80后和90后群体开始把城市户籍居民纳入自己的参照对象中来。

无论是对于第一代还是新生代农民工，其效用函数主要包含两个方面，一个是收入，另一个是在务工地所能享受到的各种基本公共服务。以往关于农民工代际差异的研究指出，第一代农民工进城早，需求简单，主要是为了改善生活、提高收入，他们出于城市务工收入高于在家务农收入的经济理性进城，通常都是个体流动而非举家式流动，能够容忍较差的工作环境，甚至为了节余尽可能多的收入，他们主动压缩在城市的各种消费，甚至是医疗上必要的开支。但新生代农民工则不同，他们需求更多元，除了想挣更多的钱，他们对于城市的生活越来越适应，已经越来越不适应农村的生活方式和农业生产的技能要求，他们中的一部分已经是举家式流动。结合既往研究及笔者的调研和座谈，本书总结了新生代农民工和老一代农民工在比较对象、务工目的、权利主张、对子女未来发展的规划和设想、城市融入状况、城市居留意愿等维度的系统差异（见表3.4）。这些方面的系统性差异可归结为一点，就是农民工群体的身

① 卢楠，王毅杰．市场转型背景下居民社会比较的参照范围研究［J］．江苏社会科学，2017（6）．

份认同正在发生系统转变，新生代农民工越来越多地开始从“农民”的身份认同向务工城市“本地人”的身份认同转变。因为身份认同的变化，其就开始主张与城市户籍居民同样的权利，在基本公共服务享受上开始把城市户籍居民作为自己的参照对象。因此，农民工对能否享受基本公共服务，应该享受的数量和质量等，与自己的“身份认同”紧密相关。而基本公共服务在城市户籍居民和农民工之间配置的不平等程度就成为其公平评判的重要内容，成为其社会公平感的重要影响因素之一。这给我们的间接启示是，并不是说提供基本公共服务是政府的职责，农民工就自然而然地认为应该享有同城市户籍居民完全等同的基本公共服务，就把基本公共服务的公平理解为均等、平均。

表 3.4　老一代和新生代农民工的系统性特征差异

特征	老一代农民工	新生代农民工
比较对象	主要是与个人务农比较、与同村的人比较、与工作中同事的比较	除了同自己务农比较、同工作中的同事比较、同老家同村人比较，开始越来越多地与城市户籍居民比较
务工目的	主要是收入，愿意干苦活、脏活、累活	除了收入，还考虑工作环境、餐饮住宿等工作待遇
权利主张	相对很少，主要是工资按时、足额发放	相对更多，不但涉及工资按时、足额发放，还关心工作强度、工作条件、劳动保护、其他福利等
对子女未来发展的规划和设想	没考虑太多，主要出路还是读书升学、外出务工	除了通过读书升学谋求稳定体面工作，也考虑到子女可能要在城市生活，有的提早在城镇买房

续表

特征	老一代农民工	新生代农民工
城市融入状况	融入的状况较差，对融入的要求本身也不高	融入的期望高，融入的情况不乐观，但比老一代农民工有改善
城市居留意愿	不强，觉得最后还是要回到农村老家种地、养老	期待能在城市安居乐业，部分是走一步看一步，期待留下但对留下没有充分的信心

在调查中，我们询问被调查者“在城市怎样的公共服务才是公平的”，询问其比较的对象，共有五类比较对象，分别是：与在农村老家能享受到的公共服务进行比较，与城市户籍居民能享受到的公共服务进行比较，与同事能享受到的公共服务进行比较，与生活中接触到的人享受到的公共服务进行比较，与自己所期望和需要的公共服务进行比较。被调查者可以选择一个或多个比较对象。根据我们的统计，选择上述五类比较对象的样本数依次为 296、305、175、232 和 271，依次占总样本数的 42.59%、43.88%、25.18%、33.38%和 38.99%。其中，选择与城市户籍居民进行比较的最多，占 43.88%，接近一半，选择与同事进行比较的最少，占 25.18%。

“城市户籍居民”较为笼统和抽象，生活中接触到的人则更加具体。另外，许多研究指出老一代农民工基本上只关注务工收入，隐含着对基本公共服务的需求没有那么强烈。但随着农民工群体的代际变化，老一代和新生代农民工，以及不同年龄段农民工对基本公共服务的需要和期待是否发生了较为显著的变化？综上，我们重点关注了不同代际和不同年龄段的农民工在与生活中接触的人比较上以及与期望和需要比较上呈现的差异，详见表 3.5。

表 3.5 代际和年龄差异与农民工比较对象转换

年龄分组	与生活中接触到的人比较	与期望和需要比较
老一代农民工	55（25.58%）	55（25.58%）
新生代农民工	177（36.88%）	216（45%）
老一代农民工+“80后”	129（29.05%）	154（34.68%）
“90后”+“00后”	103（41.04%）	117（46.61%）

数据来源：根据调查资料进一步整理分析。

通过对比可以发现，在与生活中接触到的人比较上，老一代农民工占25.58%，新生代农民工占36.88%，在与期望和需要的比较上，老一代农民工占25.58%，新生代农民工占45.00%。无论在哪一个维度，新生代农民工都明显更多与生活中接触到的人比较，与期望和需要进行比较。

为进一步揭示不同年龄组比较对象上的显著差异，我们把老一代农民工和80后归为一组，把90后和00后归为一组。对比发现，两个组关于与生活中接触到的人进行比较方面，分别为29.05%和41.04%，在与期望和需要比较上，前后两个组分别为34.68%和46.61%，显然，相对于老一代农民工和80后，90后和00后明显更多地与生活中接触到的人进行比较（当然就包括生活中接触到的一部分市民），更多地考虑了自己的需要和期望。

三、经验证据：收入分配公平与社会公平的重叠与分歧

CGSS2015的调查给了我们很好的研究契机。该轮调查既调查了个人对自己所得收入是否合理的看法，也调查了个人对社会公不公平的看法。针对前者，提的问题是，“考虑到您的能力和工作状况，您认为您目前的收入是否合理呢?”被调查者在“非常合理”“合

理”“不合理”“非常不合理”之间进行选择。针对后者，提的问题是，“总的来说，您认为当今的社会公不公平?”被调查者在“完全不公平”“比较不公平”“说不上公平但也不能说不公平”“比较公平”和“完全公平”之间进行选择。我们通过列联表展示被调查者关于两个问题各个选项间的分布情况（见表3.6）。很显然，人们关于收入分配公平度的评判与社会公平的评判既有重叠域，又有分歧域。

表3.6 收入公平与社会公平评价的列联表

	非常合理	合理	不合理	非常不合理	合计
完全不公平	8	223	229	80	540
比较不公平	23	1113	877	90	2103
说不上公平但也不能说不公平	29	1398	664	50	2141
比较公平	79	3312	1036	69	4496
完全公平	28	239	53	6	326
合计	167	6285	2859	295	9606

数据来源：根据中国综合社会调查CGSS2015整理计算。

由表3.6可见，在4×5共20个选项中，认为自己收入“合理”，同时认为社会“比较公平”的人数最多，有3312位，占总样本9606的34.48%。其次是认为自己收入“合理”，社会“说不上公平但也不能说不公平”的，共有1398位，占14.55%。最后是认为自己收入“合理”，社会“比较不公平”的，共有1113位，占11.59%。以上三种情况合计占60.62%。

我们把认为自己收入“合理”和“非常合理”，同时认为社会“比较公平”和“完全公平”的情况，以及认为自己收入“不合理”或“非常不合理”，同时认为社会“比较不公平”或“完全不公平”的，称为“收入公平社会公平一致型”。共有4934个样本，占总样本 9606 的 51. 36%。其中前一种情况有 3658 个样本，占总样本的 38. 08%，后一种情况有 1276 个样本，占总样本的 13. 28%。

把认为自己收入“合理”和“非常合理”，而社会“比较不公平”和“完全不公平”的情况，以及认为自己收入“不合理”或“非常不合理”，但认为社会“比较公平”和“完全公平”的，称为“收入公平和社会公平背离型”。具体来看，考虑到个人能力和工作状况情况下，认为自己收入“合理”和“非常合理”的共有 6452 位，其中有 231 位认为社会“完全不公平”，有 1136 位认为“比较不公平”，两种情况合计有 1367 位。相反，认为自己收入“不合理”和“非常不合理”的，共有 3154 位，其中，认为社会“比较公平”的，共有 1105 位，认为社会“完全公平”的，共有 59 位，两种情况合计有 1164 位。综合来看，“收入公平和社会公平背离型”共 2531 位，占总样本 9606 的 26. 35%。

我们把无论对自己收入作何评价，认为社会“说不上公平但也不能说不公平”的情况称为“社会公平模糊型”，这种情况共 2141 位，占总样本 9606 的 22. 29%（见表 3. 7）。

表 3. 7　个人公平与社会公平三种类型的描述性统计

<table>
<tr><th>类型</th><th>具体含义</th><th>样本量</th><th>合计</th><th>占比</th></tr>
<tr><td rowspan="2">社会公平模糊型</td><td>收入公平但社会公平模糊</td><td>1427</td><td rowspan="2">2141</td><td rowspan="2">22. 29%</td></tr>
<tr><td>收入不公平但社会公平模糊</td><td>714</td></tr>
<tr><td rowspan="2">收入公平社会公平一致型</td><td>都公平</td><td>3658</td><td rowspan="2">4934</td><td rowspan="2">51. 36%</td></tr>
<tr><td>都不公平</td><td>1276</td></tr>
<tr><td rowspan="2">收入公平社会公平背离型</td><td>收入公平社会不公平</td><td>1367</td><td rowspan="2">2531</td><td rowspan="2">26. 35%</td></tr>
<tr><td>社会公平收入不公平</td><td>1164</td></tr>
</table>

数据来源：根据中国综合社会调查（2015）整理计算。

我们特别关心的是，是什么原因导致收入公平与社会公平相背离。尤其是，为何有些人在个人收入方面觉得是公平的，而感觉社会不公平？

在 CGSS 的调查中，调查了被调查者对一些说法的同意程度。其中，关于教育公平，该说法是“只要孩子够努力、够聪明，都能有同样的升学机会”，被调查者在“非常同意”“同意”“无所谓”“不同意”“非常不同意”之间进行选择，分别用 1、2、3、4 和 5 表示，取值越大，意味着同意程度越弱，越是不同意（见表 3. 8）。

表 3. 8　教育公平与社会公平的列联表

社会公平	完全不公平或比较不公平		完全公平或比较公平	
教育公平	频数	频率（%）	频数	频率（%）
非常同意	553	18. 32	1257	16. 88
同意	1662	55. 05	4705	63. 17
无所谓	172	5. 70	481	6. 46
不同意	554	18. 35	938	12. 59
非常不同意	78	2. 58	67	0. 90
合计	3019	100. 00	7448	100. 00

数据来源：根据中国综合社会调查（2015）整理计算。

在认为社会整体上“完全不公平”和“比较不公平”的 3019 个有效样本中，对教育公平持积极评价（“非常同意”和“同意”两种情况，下同）的共有 2215 位，占 73. 37%；相比之下，在认为社会整体上“完全公平”和“比较公平”的 7448 个有效样本中，对教育公平持积极评价的共有 5962 位，占 80. 05%。显然，对社会公平评价更高的群体，其对教育公平也持有更积极的评价。或者反过来说，对教育公平持更积极的评价对社会公平感有正向作用。

从另一个侧面看，在认为社会整体上“完全不公平”和“比较不公平”的3019个有效样本中，对教育公平持较消极评价（“不同意”和“非常不同意”两种情况，下同）的共有632位，占20.93%。与之相对，在认为社会整体上“完全公平”和“比较公平”的7448个样本中，对教育公平持消极评价的共有1005位，占13.49%。显然，对社会公平评价更低的群体，其对教育公平也持有更消极的评价。或者反过来说，对教育公平持更消极评价对社会公平感有负向作用。

更进一步地，根据我们归纳的“收入公平社会公平一致型”和“收入公平社会公平背离型”的四种类型，我们也分别统计了各种类型样本关于教育公平的评价，详见表3.9。

表3.9 收入公平和社会公平不同类别下对教育公平的看法

对教育公平的评价	收入公平				收入不公平			
	社会公平		社会不公平		社会公平		社会不公平	
	频数	频率(%)	频数	频率(%)	频数	频率(%)	频数	频率(%)
非常同意	677	18.57	254	18.63	217	18.76	240	18.90
同意	2390	65.57	777	57.01	688	59.46	654	51.50
无所谓	194	5.32	72	5.28	69	5.96	75	5.90
不同意	361	9.91	231	16.95	171	14.78	258	20.31
非常不同意	23	0.63	29	2.13	12	1.04	43	3.39
合计	3645	100	1363	100	1157	100	1270	100

数据来源：根据中国综合社会调查（2015）整理计算。

在个人觉得收入分配公平的情况下，对比社会公平和社会不公平两种评价，前者共有3645个样本，其中，对教育公平持消极评价的共有384位，合计占10.54%；对比之下，后者共有1363个样本，其中对教育公平持消极评价的共有260位，合计占19.08%。显然，通过对比可以发现，在个人收入分配公平的情况下，在社会公平感较差的群体中，对教育公平的评价更加负面，负面评价的比例更高。

同样地，在个人觉得收入分配不合理不公平的情况下，同样区分并对比社会公平和社会不公平两个群体，前者有 1157 个样本，后者有 1270 个样本，相差不大。前一种情况下，对教育公平持消极评价的共有 183 位，占 15.82%；后一种情况下，对教育公平持消极评价的共有 301 位，占 23.70%。显然，对比发现，在个人收入分配不公平的情况下，在社会公平感较差的群体中，对教育公平的评价更加负面，评价为负面的比例更高。

第三节　农民工群体的特征演变与社会比较参照点变化

前文已指出，农民工群体社会比较的对象，同时涵盖留在农村没有外出的村民，涵盖工作周围的人，这个群体主要是单位、企业、工厂、车间的同事，另外还涵盖城市户籍居民。农民工群体发生代际分化，因此在整体上群体特征发生跨时演变，综合表现为身份认同的变化，开始越来越多地以务工城市“本地人”的身份看待自己，并且，越是年轻的农民工群体，越倾向于与城镇的“市民”群体比较，期待向他们看齐。因此，享受基本公共服务的参照对象发生变化，开始越来越多地以城市户籍居民享有的公共服务作为比较内容，由此，基本公共服务在群体间配置的不均等与农民工群体的内在要求产生的张力便愈加凸显了。那么，农民工群体的身份认同开始发生变化，其背后到底有哪些具体特征的变迁？接下来，借助于较长时段农民工群体的监测调查报告，我们尝试系统地追踪农民工群体多维特征的演变趋势。

本节将充分利用国家统计局自2009年开始每年发布的农民工监测调查报告①，分析农民工群体在年龄、学历、所从事行业的分布情况等多个特征上的演变趋势。在本书写作时，农民工监测调查报告已更新到2020年，但我们没有把2020年的相关数据列上，主要是考虑2020年受到新冠疫情冲击，经济社会普遍受到影响，特别是在2020年上半年，为有效防控疫情扩散，曾采取一些限制物流、客流的措施，一些农民工外出务工受到制约。在疫情冲击下，不少行业一度停工停产，尤其是餐饮、旅游、住宿等行业受到的影响更加严重，这些行业也是农民工外出务工的重要去处，因此，考虑到纵向可比性，我们没有把2020年的相关数据列入考察范围。②

一、农民工的代际分化、学历变化等是农民工诉求变化的现实基础

从2008年开始，农民工平均年龄逐年提高，从34岁增长到40.2岁，共增加了6.2岁。与之相伴的是，新生代农民工的占比在逐年提高，老一代农民工的占比在逐年下降。2013年时，新生代农民工占46.6%，到2018年，提高到51.5%，在2017年已超过50%，五年间新生代农民工比例提高了4.9%（见表3.10）。显然，新生代农民工的占比在今后仍将逐年提高。在新生代农民工中，80后占

① 在历年的监测调查报告中，有时也会列示2008年相关数据，所以我们后面在数据可得的情况下也会把2008年的相关数据纳入分析中来。

② 新冠疫情冲击的一个例证是，自2008年至2019年，农民工数量始终保持正增长，2020年农民工数量一反常态，比上年减少517万人，下降1.8%。

50.4%；90 后占 43.2%；00 后占 6.4%。调查没有统计新生代农民工的平均年龄，在新生代农民工界定标准不变的情况下，新生代农民工的平均年龄必然也呈整体上升趋势。尽管如此，新生代农民工相对更年轻，受教育程度更高，权利意识也在增长。

表 3.10 农民工群体年龄变化与群体结构分化

年份	农民工平均年龄（岁）	新生代农民工占比	老一代农民工占比
2008	34.0	—	—
2009	—	—	—
2010	35.5	—	—
2011	36.0	—	—
2012	37.3	—	—
2013	—	46.6%	53.4%
2014	38.3	47.0%	53.0%
2015	38.6	48.5%	51.5%
2016	39.0	49.7%	50.3%
2017	39.7	50.5%	49.5%
2018	40.2	51.5%	48.5%
2019	40.8	—	—

备注："—"表示报告中没有相关数据。下表中"—"含义同，不再一一说明。

资料来源：根据国家统计局发布的历年农民工监测调查报告整理并计算。

从学历水平看，农民工的高中学历占比从 2009 年的 13.1%提高到了 2019 年的 16.6%，大专及以上学历占比也在提高，并且较为明显。2011 年时，大专及以上学历占比是 5.3%，2012 年提高到

5.7%，自2014年至2018年，依次为7.3%、8.3%、9.4%、10.3%和10.9%，年均提高接近1%。从2011年到2019年，八年间共提高了5.8%。如果把高中学历和大专及以上学历合并在一起，2011年占农民工群体的比例是18.5%，之后逐年提高，2017年提高到了27.4%，2019年又进一步提高到了27.7%，从2011年到2019年，共提高了9.2%（见表3.11）。

表3.11　农民工群体受教育程度变化情况

年份	高中学历占比	大专及以上学历占比	合计
2009	13.1%	—	—
2010	15.0%	—	—
2011	13.2%	5.3%	18.5%
2012	13.3%	5.7%	19.0%
2013	—	—	—
2014	16.5%	7.3%	23.8%
2015	16.9%	8.3%	25.2%
2016	17.0%	9.4%	26.4%
2017	17.1%	10.3%	27.4%
2018	16.6%	10.9%	27.5%
2019	16.6%	11.1%	27.7%

资料来源：根据国家统计局发布的历年农民工监测调查报告整理并计算。

伴随着农民工受教育程度的提高，农民工的权利意识在提升，对同工不同酬等不公正待遇的容忍度变低。2016年农民工监测调查报告显示，在工作和生活中遇到困难时，“找工会、妇联和政府部门的”占6.8%，“找社区的”占2.3%。到2017年，“找工会、妇联和政府部门的”提高了1%，提高到7.8%，“找社区的”提高了0.3%，提高到2.6%。2016年的调查显示，当进城农民工权益受损时，选择的解决途径中，“通过法律途径解决”占27.2%，2017年调查时，这一比例提高了1.1个百分点，提高到28.3%。

二、农民工群体工作和生活环境的变化是农民工诉求变化的社会基础

从农民工群体从事行业分布的情况看，自2008年至2012年，主要统计其在制造业和建筑业及其他行业的分布。总体上看，建筑业从业比例在逐步提高，制造业的从业比例有所下降。建筑业和制造业之外其他行业的从业比例不断下降，从49.0%下降到了2012年的45.9%。但从2013年开始，情况有所转变。较为明显的是，第二产业的从业人数占比不断下降，从2013年的56.8%下降到了2019年的48.6%，六年间下降了8.2%。在第二产业内部，仍以制造业和建筑业为主，制造业从业农民工占比从2017年的29.9%下降到2019年的27.4%，下降了2.5%，建筑业从业农民工占比从2017年的18.9%下降到2019年的18.7%，下降了0.2%，变化不大。与之相对应，第三产业从业比例在不断提高，从2013年的42.6%提高到了2019年的51.0%，2018年首次占比过半，六年间一共提高了8.4%，基本与第二产业从业人员比例下降幅度相当，这意味着，农民工在第二产业和第三产业间逐步转换。在第三产业内部，从事行业包括批发和零售业，交通运输、仓储和邮政业，住宿和餐饮业，居民服务、修理以及其他行业。从2017年和2018年的行业分布看，居民服务、修理和其他服务业，公共管理、社会保障和社会组织这两个行业大类提升明显，分别提高0.9%和0.8%。从事居民服务、修理

和其他服务业，及批发和零售业的占比最高，2017年分别为11.3%和12.3%，2018年时分别为12.2%和12.1%，2019年分别为12.3%和12.0%，基本保持稳定（见表3.12、表3.13）。

农民工从业行业分布的变化，带来的是工作环境和生活环境的变化。为了尽可能地降低居住成本和生活成本，当农民工在建筑业工作时，有不少住在工地的工棚中。并且，有的建筑工地本身也远离市中心。在制造业工作时，一些位于园区的制造工厂在园区内提供集体宿舍。而像餐饮、物流配送、汽车维修等工作，工作本身即是与包括市民群体在内的消费者打交道，接触频繁。而这些行业，本身也是与城市住宅交织在一起。综上，工作环境和生活环境的变化，其核心是，越来越多的农民工的居住地与市民居所混杂，并由此，与市民群体有了更多工作上和工作之余的接触，尽管很可能并不是十分深入。因为接触，对于市民群体的收入、生活条件、福利待遇等，便有了更多的了解，以及基于部分了解的大致估计。正是由于这种生活工作中的接触、交往，农民工群体的比较对象也在慢慢发生变化。Knight，Song和Gunatilaka在分析中国农村居民的主观幸福感时就曾指出，尽管中国农村居民的收入快速增长，但是一方面，通过媒体和不断增加的短期人口流动，农村居民的眼界更加开阔；另一方面，城市居民的收入增长更快，城乡间差距拉大。① 正是由于上述机制和现实，农村居民产生相对剥夺感。

① KNIGHT J，SONG L，GUNATILAKA R. Subjective Well-being and Its Determinants in Rural China [J]. China Economic Review，2009，20（4）：635-649.

表 3.12 农民工群体所从事行业的分布情况变化

年份	建筑业	制造业	第二产业占比	第三产业占比
2008	13.8%	37.2%	—	—
2009	15.2%	36.1%	—	—
2010	16.1%	36.7%	—	—
2011	17.7%	36.0%	—	—
2012	18.4%	35.7%	57.1%	42.5%
2013	22.2%	31.4%	56.8%	42.6%
2014	22.3%	31.3%	56.6%	42.9%
2015	21.1%	31.1%	55.1%	44.5%
2016	19.7%	30.5%	52.9%	46.7%
2017	18.9%	29.9%	51.5%	48.0%
2018	18.6%	27.9%	49.1%	50.5%
2019	18.7%	27.4%	48.6%	51.0%

资料来源：根据国家统计局发布的历年农民工监测调查报告整理并计算。

表 3.13 农民工在第三产业各行业中的务工分布（%）

从事行业 \ 年份	2008	2009	2010	2011	2012	2013	2014	2015	2016	2017	2018	2019
批发和零售业	9.0	10.0	10.0	10.1	9.8	11.3	11.4	11.9	12.3	12.3	12.1	12.0
交通运输、仓储和邮政业	6.4	6.8	6.9	6.6	6.6	6.3	6.5	6.4	6.4	6.6	6.6	6.9
住宿和餐饮业	5.5	6.0	6.0	5.3	5.2	5.9	6.0	5.8	5.9	6.2	6.7	6.9
居民服务、修理和其他服务业	12.2	12.7	12.7	12.2	12.2	10.6	10.2	10.6	11.1	11.3	12.2	12.3

续表

年份 从事行业	2008	2009	2010	2011	2012	2013	2014	2015	2016	2017	2018	2019
公共管理、社会保障和社会组织	—	—	—	—	—	—	—	—	—	2.7	3.5	12.9
其他	—	—	—	—	—	—	—	—	—	8.9	9.4	

资料来源：根据国家统计局发布的历年农民工监测调查报告整理并计算。

表3.13给出了近12年来农民工在第三产业各行业分布的情况。尤其值得关注的是2013年以来各行业分布情况。2013年以来，变化较为明显的是，在居民服务、修理和其他服务业务工的农民工占比不断提高，从2013年的10.6%提高到2019年的12.3%，提高了1.7%。在住宿和餐饮业务工的比例也在提高，从2013年的5.9%提高到了2019年的6.9%，提高了1.0%。农民工在交通运输、仓储和邮政业就业的比例基本稳定，变化很不明显，一直在6.5%左右徘徊，但与第三产业中其他行业相比，处于相对下降状态。从事批发和零售业的农民工占比也在提高，从2008年的9.0%提高到了2019年的12.0%，12年间共提高了3.0%，但近四年较为稳定。从最近2017年和2018年这两年的情况看，公共管理、社会保障和社会组织行业，以及其他行业的从业比例也在提高，分别从2.7%和8.9%提高到了3.5%和9.4%，分别提高了0.8%和0.5%，合并从11.6%提高到12.9%，2019年与2018年相比该比重没有变化。

从农民工群体居住的方式看，也在逐步发生变化。表3.14中，我们整理了自2008年至2015年这8年间农民工居住方式的变化。

表 3.14　农民工居住方式变化（%）

年份	单位宿舍	工地工棚	生产经营场所	与他人合租住房	独立租赁住房	务工地自购房	乡外从业回家居住	其他	租住与自购
2008	35.1	10.0	6.8	16.7	18.8	0.9	8.5	3.2	36.4
2009	33.9	10.3	7.6	17.5	17.1	0.8	9.3	3.5	35.4
2010	33.8	10.7	7.5	18.0	16	0.9	9.6	3.5	34.9
2011	32.4	10.2	5.9	19.3	14.3	0.7	13.2	4.0	34.3
2012	32.3	10.4	6.1	19.7	13.5	0.6	13.8	3.6	33.8
2013	28.6	11.9	5.8	18.5	18.2	0.9	13.0	3.1	37.6
2014	28.3	17.2		36.9		1.0	13.3	3.3	37.9
2015	28.7	11.1	4.8	18.1	18.9	1.3	14.0	3.1	38.3

备注：2016 年起相关统计发生较大变化，不具有可比性，因此此表只统计到 2015 年。

资料来源：根据国家统计局发布的历年农民工监测调查报告整理并计算。

由表3.14可见，自2008年至2015年，8年间，农民工居住在单位宿舍的占比在下降，从35.1%降至28.7%，下降了6.4%，这与务工行业的分布变化紧密相关。在工地工棚居住的占比在提高，从10.0%提高到了11.1%。“乡外从业回家居住”的比例在提高，从8.5%提高到了14.0%，提升明显。这是务工地和户籍所在地（流出地）距离很近的情况，一方面是由于省内务工的比例在提高，另一方面也是农民工降低居住支出的一种方式。无论是“与他人合租住房”还是“独立租赁住房”，都有小幅提升，分别从16.7%和18.8%提高到了18.1%和18.9%。“务工地自购房”比例很低，一直在0.9%左右徘徊，仅2015年提高到1.3%，对于农民工群体来说，想在务工地自购房异常困难，一方面是购房支出过大，农民工的收入无异于“杯水车薪”，另一方面，城市也有限购措施，综合考虑到乡土情怀、子女未来发展等因素，更多农民工选择在农村宅基地上建新房或者到户籍地所属的县城或地级市城区购房。相比于居住在单位宿舍、工地工棚和生产经营场所，租房或自购房的居住方式与市民接触更多，对他们的生活、工作、待遇了解更多，因此，最后一列把“与他人合租住房”和“独立租赁住房”以及“务工地自购房”合并在一起，计为“租住与自购”，从占比看，从36.4%提升到38.3%，提高了1.9%。

从2008年到2019年，这12年间，农民工数量由22542万人增加到29077万人，共增加了6535万人。从内部结构看，农民工包括了外出农民工和本地农民工①，从表3.15中可见，外出农民工数量

① 本地农民工指的是在调查年度内，在本乡镇内从事非农活动（包括本地非农务工和非农自营活动）6个月及以上的农村劳动力。外出农民工指的是在调查年度内，在本乡镇地域以外从业6个月及以上的农村劳动力。

也在不断增加，但占农民工总量之比在不断下降，由 2008 年的 62.29%下降到了 2019 年的 59.93%。在外出农民工中，又包括两部分，一是住户中外出农民工，二是举家外出农民工。由于城乡户籍制度区隔，中国农民工曾经经历过典型的“两栖”型现象，平时在务工地工作和生活，逢年过节、农忙季节返回农村老家，家人之间处于经常性分离状态。与之相对应，出现了“留守老人”“留守儿童”和“留守妇女”现象。值得注意的是，举家外出的务工模式越来越多。我们主要关注举家外出农民工的变化情况。根据能够搜集到的数据，举家外出农民工在不断增加，从 2008 年的 2859 万人增加到 2014 年的 3578 万人，增加了 719 万人。从占比情况看，无论是占外出农民工之比，还是占整个农民工群体之比都在增加，占整个农民工群体之比从 12.68%提高到了 13.06%，占外出农民工之比增加的幅度更大，从 2008 年的 20.36%提高到 21.27%，提高了 0.91%。相对于非举家外出情况，举家外出农民工对于住房条件有更多的需求，如果家庭中有子女尚在求学年龄段，对于在务工地的教育需求十分迫切。我们的调研也发现，越是举家外出，越是倾向于认同自己务工城市“本地人”身份，对于未来留在务工地或留城的意愿更加强烈。

表 3.15 农民工、外出农民工和举家外出农民工数量变化

年份	农民工总量（万人）	外出农民工占比		举家外出农民工		
		总量（万人）	占比	数量（万人）	占外出农民工之比	占农民工之比
2008	22542	14041	62.29%	2859	20.36%	12.68%
2009	22978	14533	63.25%	2966	20.41%	12.91%

续表

年份	农民工总量（万人）	外出农民工占比		举家外出农民工		
		总量（万人）	占比	数量（万人）	占外出农民工之比	占农民工之比
2010	24223	15335	63.31%	3071	20.03%	12.68%
2011	25278	15863	62.75%	3279	20.67%	12.97%
2012	26261	16336	62.21%	3375	20.66%	12.85%
2013	26894	16610	61.76%	3525	21.22%	13.11%
2014	27395	16821	61.40%	3578	21.27%	13.06%
2015	27747	16884	60.85%	—	—	—
2016	28171	16934	60.11%	—	—	—
2017	28652	17185	59.98%	—	—	—
2018	28836	17266	59.99%	—	—	—
2019	29077	17425	59.93%	—	—	—

资料来源：根据国家统计局发布的历年农民工监测调查报告整理并计算。

三、农民工身份认同的整体性变化是群体特征演变的综合体现

身份认同是指流动者与本地人及家乡人之间的心理距离、归属感及对自己是谁、从何处来、将去往何处的思考及认知。[①] 对农民工（或流动人口）身份认同的研究，由于概念的界定有别，测算指标差异很大，数据来源不同，又缺乏连续的追踪数据，结论也不尽相同。崔岩基于 CGSS2011 的研究发现，认同自己流入城市本地人身

① 杨菊华，张莹，陈志光．北京市流动人口身份认同研究——基于不同代际、户籍及地区的比较［J］．人口与经济，2013（3）．

份的占比超过六成。① 杨菊华、吴敏和张娇娇利用2014年流动人口动态监测数据中的“流动人口社会融合及心理健康”专项数据进行分析②，在认为自己是哪里人的调查上，认为自己是本地人、新本地人、老家人和双非认同（既不是老家人也不是本地人）的样本分别占7.06%、14.91%、72.18%和5.84%。③

从农民工自身的工作和生活经历来讲，随着新生代农民工比例逐步提高，总体上看，有农业生产经历的农民工比重在下降，人均从事农业生产的时间在缩短。有的甚至完全没有农村的务农经历，对农村的认同少于对城市的认同。从生活经历上看，一些农民工常年在外务工，在农村生活的时间越来越短。甚至一部分农民工在幼年时期已经随父母外出，作为随迁儿童在城市中学习、成长和工作，农村的生活经历基本属于空白，并且这种情况在不断增多。

杨菊华、张莹和陈志光曾指出，流动人口与本地居民之间的相互接触、互相交往也是影响其身份认同的重要因素。④ 综合农民工务工行业的变化和居住方式的变化，发现他们在工作、生活中与城市户籍居民交往的频率在提高，交往的深度在延伸，彼此的了解逐渐增多，甚至有的由陌生人变成邻居、同事、朋友，由行为交往而带来情感和身份上的认同。身份认同在悄然发生变化，一些年轻的

① 崔岩．流动人口心理层面的社会融入和身份认同问题研究［J］．社会学研究，2012（5）．

② 该调查在北京、嘉兴、厦门、青岛、郑州、深圳、中山和成都八个城市进行，以15—59周岁的流动人口为对象，按多阶段分层PPS原则进行随机抽样。

③ 杨菊华，吴敏，张娇娇．流动人口身份认同的代际差异研究［J］．青年研究，2016（4）．

④ 杨菊华，张莹，陈志光．北京市流动人口身份认同研究——基于不同代际、户籍及地区的比较［J］．人口与经济，2013（3）．

农民工的“农民”身份观念淡化，反之，“本地人”的身份观念在增强。流动人口是否认同所在城市的“本地人”身份，成为衡量其融合的标志，也是融合的高级阶段，只有对流入地产生认同感和归属感时，流动者才真正地实现社会融入。① 据 2017 年农民工监测调查报告，从 2016 年到 2017 年，在进城农民工中，认为自己是所居住城市的“本地人”的比例从 35.6%提高到了 38.0%，提高了 2.4%。整体上仍然不高，但已经在明显提高。2018 年，在进城农民工中，38%认为自己是所居住城镇的“本地人”，与上年持平。2019 年农民工监测调查报告显示，在进城农民工中，40%认为自己是所居住城市的“本地人”，比 2018 年提高 2%。与“本地人”认同相呼应的是，进城农民工对本地生活的适应程度较高且不断提升，调查显示，80.6%表示对本地生活“非常适应”和“比较适应”，其中，20.8%表示“非常适应”，比上年提高 1.2%；仅有 1.1%表示“不太适应”和“非常不适应”。从 2019 年到 2020 年，进城农民工中认为自己是所居住城市“本地人”的比例提高了 1.4%，达到 41.4%。从对所工作居住城市生活的适应情况看，83.3%表示对本地生活“非常适应”和“比较适应”，其中，23.8%表示“非常适应”，比上年提高 3.0%；仅有 1.2%表示“不太适应”和“非常不适应”。

---

① 杨菊华．中国流动人口的社会融入研究［J］．中国社会科学，2015（2）．

第四节　农民工需求与基本公共服务供给间的张力愈加凸显

学者们已经关注到老一代农民工与新生代农民工特征的系统性差异。黄祖辉和胡伟斌指出，老一代农民工以低技能、低收入、低诉求为主要特征，而新生代农民工由于成长的家庭环境、学习背景、就业环境以及外部制度环境等与老一代农民工存在较大差异，导致这两个群体在劳动技能水平、价值取向和行为规则上也存在明显不同。总体而言，新生代农民工对制度性约束的抵触更为强烈，对乡土依恋程度不高，对城市工作和生活方式适应性强，在追求经济报酬的同时还注重个人的职业发展空间，从谋求生存转向追求公平，其对于职业声望和社会地位的需求和重视比老一代有所提高。农民工的代际转换和特征差异将对农民工的城市融入、权益保障、就业结构和市民化进程提出许多新的课题。① 在上一节，我们从多个角度分析了农民工群体的特征演变，并着重指出，基于这些特征的演变和综合影响，农民工群体的身份认同整体上正在变化，越来越认同自己的"本地人"身份，开始期待并要求与城市户籍居民享有同等的基本公共服务。但与之相对的是，农民工享受的社会保障还不健全，基本公共服务均等化的程度有待进一步提升。

① 黄祖辉，胡伟斌．中国农民工的演变轨迹与发展前瞻［J］．学术月刊，2019（3）．

一、农民工对享受公平的公共服务诉求强烈

在调查的695个样本中，对于享受公平的公共服务（医保、子女教育等）是否重要，被调查者在“非常重要”“比较重要”“不太重要”“不重要”和“无所谓”中进行单项选择，依次有538位、95位、22位、10位和30位，依次占77.41%、13.67%、3.17%、1.44%和4.32%。从中可见，绝大部分都认为享受公平的公共服务很重要，高达77.41%，如果把认为“非常重要”和“比较重要”的加总在一起，共有91.08%。

我们专门询问了被调查者在城市工作时主要关心什么，其中，有547位认为“收入和公共服务都很重要”，占78.71%；有73位认为“收入是主要的，公共服务是次要的”，占10.50%；有31位甚至认为“公共服务是主要的，收入是次要的”，占4.46%；仅有44位认为“无所谓，没考虑这么多”，占6.33%。

我们还从另一个角度让被调查者在收入与城市公共服务的三个组合间进行选择，三个组合是“宁愿工资高，公共服务无所谓”“宁愿享受公平的公共服务，工资低点儿也行”“收入和公共服务要兼顾”，选择上述三个组合的样本依次有154位、139位、402位，分别占总样本的22.16%、20.00%和57.84%。从中可见，超过55%的人都认为收入与公共服务要兼顾，仅有22.16%的人宁愿工资高，对于公共服务无所谓。如果把后两种情况合并起来，共有541位，占77.84%。

二、农民工的社保参与率与诉求形成较强反差

表3.16给出的是2008—2012年外出农民工参加社会保障的比

例，表3.17给出的是2013—2014年农民工参加社会保障的比例，既有总体情况，也依据本地农民工和外出农民工的分类分别进行了统计。

表3.16 2008—2012年外出农民工参加社会保障的比例（%）

社保项目	2008年	2009年	2010年	2011年	2012年
养老保险	9.8	7.6	9.5	13.9	14.3
工伤保险	24.1	21.8	24.1	23.6	24.0
医疗保险	13.1	12.2	14.3	16.7	16.9
失业保险	3.7	3.9	4.9	8.0	8.4
生育保险	2.0	2.4	2.9	5.6	6.1
住房公积金	—	—	—	—	—

数据来源：根据国家统计局发布的历年农民工监测调查报告整理并计算。

表3.17 2013—2014年农民工参加社会保障的比例（%）

社保项目	2013年			2014年		
	本地农民工	外出农民工	合计	本地农民工	外出农民工	合计
养老保险	16.9	15.7	16.2	17.2	16.4	16.7
工伤保险	20.1	28.5	25.0	21.1	29.7	26.2
医疗保险	16.4	17.6	17.1	16.8	18.2	17.6
失业保险	10.6	9.2	9.8	11.5	9.8	10.5
生育保险	7.9	6.6	7.2	8.7	7.1	7.8
住房公积金	4.9	5.0	5.0	5.3	5.6	5.5

数据来源：根据国家统计局发布的历年农民工监测调查报告整理并计算。

从整体来看，从 2008 年到 2014 年，就外出农民工群体而言，参加社会保障的比例都有所提高。具体来看，养老保险的参保率从 9.8%提高到 16.4%，提高了 6.6%；工伤保险的参保率从 24.1%提高到 29.7%，提高了 5.6%；医疗保险的参保率从 13.1%提高到了 18.2%，共提高了 5.1%；失业保险和生育保险的参保率在 2008 年时都比较低，分别只有 3.7%和 2.0%，提升相对明显，到 2014 年，分别提高到 9.8%和 7.1%，分别提高了 6.1%和 5.1%。2008—2012 年没有统计住房公积金参保率，2013 年到 2014 年，农民工整体的参保率从 5.0%提高到 5.5%，处于较低水平，相对于养老保险、工伤保险、医疗保险、失业保险和生育保险，仍是最低的。

相比较而言，目前工伤保险的参保率最高，养老保险和医疗保险的参保率基本相当，失业保险的参保率次之，最低的是住房公积金的参保率。从提高的幅度上看，养老保险参保率提高最多，其次是工伤保险、医疗保险、失业保险和生育保险。

尽管"五险一金"的参保率近年来在不断提高，但是，一方面，参加社会保障与实际享受保障并不是同一个概念。参加工伤保险、生育保险和医疗保险，如果愿意，在工伤、生育和生病之时，可以实际享受相关的社会保障，尽管可能因为对政策不了解、费用高等原因而实际上没有享受。但是，对养老保险、失业保险和住房公积金，在我们的调查和访谈中发现，有的不知道自己有没有交过这些保险，交了的也不知道怎么用，对于离职后养老保险、住房公积金的处理、提取、转移等问题的了解极其有限，有的表示完全不清楚。调研和访谈中，有的农民工说，不愿意交各种保险，宁可到手工资多一些。但这并不是说他们对基本公共服务无所谓，主要是因为缴费之后仍然不能享受或享受的质量打了折扣。另一方面，总体上看，农民工社保的参保率仍然处于较低甚至极低的水平，与农民工群体基于社会比较对象转移进而基本公共服务需求和诉求上涨形成了强烈的反差，也带来了较大的张力。进而，如何优化公共服务供给结构，逐步实现基本公共服务配置的均等化，提高供需之间的匹配度，缓解需求与供给之间的张力，是提升农民工群体公平感的题中之义和重要路径。

第四章　基本公共服务供给的均衡性与农民工公平感

第一节　研究假设的提出

本章基于前面的理论分析提出研究假设，并利用 CGSS2013 的数据进行实证分析。CGSS 在 2013 年和 2015 年调查时，并没有直接问受访者是否是农民工，所以，接下来我们依据相应标准对被调查者进行身份界定，以便于将农民工公平感的影响因素与其他群体作比较。

一、CGSS2013 和 CGSS2015 调查对象的身份界定

CGSS 在调查时，并没有直接问受访者属于农民、市民或农民工中的哪一类，因此，我们需要根据一些调查信息进行人为识别。CGSS2013 和 CGSS2015 在调查时，调查了受访者的户口登记状况、工作经历及状况，以及居住的地区类型，这成为可以利用的重要信息。

针对 CGSS2013，我们结合户口登记状况、工作经历及状况，以及居住的地区类型，对受访者进行农民、市民或农民工的群体界定。有点儿遗憾的是，CGSS2015 并没有调查受访者居住的地区类型，所以我们只能依据户口登记状况和工作经历及状况进行身份界定。

针对户口登记状况，共分为 8 种，依次是：农业户口、非农业户口、蓝印户口、居民户口（以前是农业户口）、居民户口（以前是非农业户口）、军籍、没有户口及其他。

针对工作经历及状况，调查共分为 6 种情况：目前从事非农工作；目前务农，曾经有过非农工作；目前务农，没有过非农工作；目前没有工作，而且只务过农；目前没有工作，曾经有过非农工作；从未工作过。

针对居住的地区类型，共分为 6 种，依次是：市/县城的中心城区、市/县城的边缘地区、市/县城的城乡接合部、市/县城区以外的镇、农村及其他。

针对 CGSS2013，我们界定受访者身份的标准如表 4.1 所示。

表 4.1　CGSS2013 被调查者的身份界定

<table>
<tr><th colspan="2">户口登记状况</th><th>工作经历及状况</th><th>居住的地区类型</th><th>身份界定</th></tr>
<tr><td rowspan="5">农业户口（6843）</td><td rowspan="5">农业户口（6333），居民户口（以前是农业户口）（510）</td><td>缺失（1）</td><td></td><td>不作界定，排除</td></tr>
<tr><td rowspan="2">非农工作（2222），指目前从事非农工作</td><td>农村（826）</td><td>农民</td></tr>
<tr><td>非农村（1396）</td><td>农民工</td></tr>
<tr><td rowspan="2">农业工作（4620），指工作经历及状况调查中后五种情况</td><td>农村（3388）</td><td>农民</td></tr>
<tr><td>非农村（1232）</td><td>农民</td></tr>
</table>

续表

户口登记状况		工作经历及状况	居住的地区类型	身份界定
非农户口（4571）	非农业户口(4146)，居民户口（以前是非农业户口）（425）			市民
其他（24）	蓝印户口、军籍、其他			不作界定，排除

注：括号中表示在11438个受访者中，各类群体的数量。

这里有几点需要特别说明：第一，居民户口方面，有的地方进行了户籍登记制度改革，统一取消农业户口和非农户口在名义上的差别，但即便是名义上的差别取消，原来是农业户口或是非农业户口的，其附带的各种福利较少变动，因此，我们把“居民户口（以前是农业户口）”视同为农业户口，把“居民户口（以前是非农业户口）”视同为非农业户口。第二，农业户口中，受访者从事农业工作的共有4620位，这部分人无论是在农村，还是在农村以外的地方，均视为“农民”。当然，近年来，出现了一些农民到城市的郊区承包农地经营农业的情况，被称为“农民农”，实质上是农民工，只不过打工从事的是农业。但这部分群体毕竟是极少数，从调查中无法识别。① 第三，农业户口且从事非农工作的2222位受访者中，有826位住在农村，有1396位住在农村以外的地方。我们没有简单地将所有2222位均视为农民工，而是把居住在农村以外的才视为农民工。这么做主要是考虑，农民工离开祖辈赖以生存的土地，绝大多

① 在农业户口、从事农业工作的4620位受访者中，住在农村以外的多达1232位，占26.67%。显然这部分群体不可能是“农民农”，在近年来城镇化扩张中，一些农村成为城镇的一部分，而原来生活在这些农村中的农民虽然已不是住在传统意义上的农村，但仍是农业户口，从事农业工作。因此，我们将其视为农民。

数进入非农产业，与之相伴的，是居住空间和生活空间的转移，以及社会关系、社交圈等的同步迁移。工作属性、居住空间、生活空间等的改变，才导致出现与农民工现象相伴的一系列问题，如留守儿童的问题、医疗问题、进城后子女的教育问题，等等。所以，一些人尽管是农业户口，从事的是非农工作，但仍然住在农村，这部分群体许多是兼业，在非农工作之外还或多或少仍从事一些农业生产。关键是，如果他们就是当地人，尽管工作属性发生了变化，但留守儿童问题、子女教育问题、医疗问题等与进城农民工明显不同，而基本与在农村务农的“农民”一致。因此，我们将居住在农村的826位仍视为“农民”身份，只将居住在农村以外的1396位视为“农民工”。

依据我们的划分，最终界定为“市民”的有4571位，界定为“农民”的有5446位，界定为农民工的有1396位。后续我们在利用CGSS2013数据进行分析时，涉及身份的划分，我们依此标准划分，不再一一说明。

后续研究中，我们还将利用到CGSS2015年的数据，并且需要进行身份界定，故在此一并分析。CGSS2015年度的调查中，同样调查了户口登记状况、工作经历及状况，具体选项也与2013年度的调查保持一致。略有遗憾的是，2015年度没有继续调查居住的地区类型，因此，我们在对样本的“市民”“农民”和“农民工”身份进行识别时，便不能将居住的地区类型作为识别标志。变通之下，具体的操作如下：

在10968个样本中，农业户口（包含目前是居民户口但以前是农业户口）的共有6931位，非农业户口（包含目前是居民户口但以前是非农业户口）的共有4016位，两种情况之外的，包括蓝印户口、军籍及其他的共21位，这部分较为特殊，排除在我们的分析之外。在农业户口的6931位中，再根据工作经历及状况进行细分，其中目前从事非农工作的有2168位，这部分的身份识别为“农民工”，工作经历及状况是另外五种情况的，识别为“农民”，共有4763位(见表4.2)。

表4.2 CGSS2015被调查者的身份界定

户口登记状况		工作经历及状况	身份界定
农业户口（6931）	农业户口（6194），居民户口（以前是农业户口）（737）	非农工作（2168），指目前从事非农工作	农民工
		农业工作（4763），指工作经历及状况调查中后五种情况	农民
非农户口（4016）	非农业户口（2877），居民户口（以前是非农业户口）（1139）		市民
其他（21）	蓝印户口、军籍、其他		不作界定，排除

二、研究假设的提出

从基本公共服务供给的角度看，可以从不同的维度进行衡量，其一是充裕性，它指的是相对于人们的需求，基本公共服务是否充足以及充足的程度。其二是均衡性。是否均衡，可以从较多的维度进行考察，如城乡均衡、群体间的均衡、城市间的均衡、地区间的均衡等。考察中国基本公共服务配置的现实，均衡性主要指向城乡均衡。其三是公共服务的便利性。它度量的是人们在获取公共服务时，是否方便可及。即便公共服务的数量足质量优，但也可能存在便利性不足的问题。而不同的群体，对于便利性的要求各有不同。比如，身体健康状况较差的人，对于医疗服务的便利性就会有更高的要求。其四是基本公共服务的普惠性，它着重强调两个方面，一方面是服务的覆盖率，是否覆盖了所有的人群，另一方面是价格的低廉，即便是那些收入不高的群体，个人负担部分相对于居民收入也不会造成沉重的负担。

通常情况下，无论是上述哪一个维度，都与个体利益息息相关。本质上，充裕性、便利性和普惠性都是相对的概念，人们更多是基于自身收入、社会地位、个体需求等作出主观综合评判。目前的一般预算支出偏向于经济类支出，公共服务支出相对不足，所以人们通常觉得公共服务供给不足。虽然目前的医疗保障覆盖率在不断提高，但是缴费水平、报销比例等都还有差异，自付部分负担较重，人们普遍觉得普惠性不足。人们对便利性的评价差异较大，不同的人对不同类别的基本公共服务的便利性评价各有差异。均衡性是可以客观度量的指标，而基本公共服务无论是城乡、区域间、城市间还是农民工与城市户籍居民间，都存在一定程度的不均衡。而考察现实，我国公共服务无论在上述任何一个方面，均衡性都有待提高。CGSS2013 年的调查中，专门调查了受访者对我国目前公共服务总体上在充裕性、均衡性、便利性和普惠性等四个维度的满意度评价。被调查者在“非常不满意”“不太满意”“说不清满意不满意”“比较满意”和“非常满意”间进行选择，依次被赋值为 1、2、3、4 和 5。赋值越大，满意度越高。根据 CGSS2013，四维度满意度评价的描述性统计如表 4.3 所示。

表 4.3 公共服务四维度评价的描述性统计（全样本）

变　量	样本量	均　值	标准差	最小值	最大值	中位数
充裕性	5648	3.0623	0.8637	1	5	3
均衡性	5648	2.7861	0.8609	1	5	3
便利性	5648	3.1101	0.9058	1	5	3
普惠性	5648	2.9610	0.8744	1	5	3

资料来源：根据 CGSS2013 进行整理。

由描述性统计可知，对便利性的满意度最高，充裕性次之，再是普惠性，均衡性的满意度最低。从均值与中位数的对比看，对充裕性、便利性的满意度评价的均值大于中位数，对普惠性和便利性的满意度的均值小于中位数。但是，即便是满意度评价均值最高的便利性，其均值也不过略微大于3，基本还处于“说不清满意不满意”，整体情况不太理想。

为进一步考察满意度评价的频次和频率分布情况，我们整理后见表 4.4。

表 4.4 公共服务四个维度满意度评价的频率分布

变量	满意度不同评价的占比（%）				
	非常不满意	不太满意	说不清满意不满意	比较满意	非常满意
充裕性	1.47	29.00	32.31	36.26	0.96
均衡性	3.36	38.72	35.07	21.62	1.22
便利性	2.14	27.64	29.34	38.83	2.05
普惠性	3.47	28.72	37.16	29.53	1.12

资料来源：根据 CGSS2013 进行整理。

各维度的满意度评价中，对于充裕性认为“非常不满意”和“不太满意”的，各占1.47%和29.00%，合计占30.47%；对便利性“非常不满意”和“不太满意”的，分别占2.14%和27.64%，合计占29.78%；对普惠性“非常不满意”和“不太满意”的，分别占3.47%和28.72%，合计占32.19%；对均衡性“非常不满意”和“不太满意”的，分别占3.36%和38.72%，合计占42.09%。综合来看，对均衡性“非常不满意”和“不太满意”的占比最高，普惠性次之，再次是充裕性，占比最低的是便利性，合计占29.78%，比“均衡性”相应评价占比低12.31%。相对应地，对公共服务的均衡性“比较满意”和“非常满意”的占比最低，合计占22.84%，对公共服务的充裕性“比较满意”和“非常满意”的，占37.22%，对公共服务的便利性“比较满意”和“非常满意”的合计占40.88%，对公共服务的普惠性“比较满意”和“非常满意”的合计占30.65%。

因此，我们提出假设4.1：从总体上看，无论是任何一个维度的满意度评价，都会对公平感产生显著的正向影响。

人们的收入水平越高，社会经济地位越高，越会对基本公共服务有更高的要求，那么，简要地预判，市民群体是符合这种假说的。因为市民群体整体上有更高的收入水平、更高的社会经济地位。但是，比较农民和农民工两个群体，一般来讲，外出务工群体通常年富力强，年纪较轻，受教育程度相对更高，收入水平和社会经济地位相对于农民群体更高。那么，按照理论假说，他们更应该对基本公共服务的各个维度产生更高的需求，进而推测，基本公共服务的各个维度更可能对其社会公平感有显著的影响。不过，基于第二章和第三章的分析，对农民工群体来说，他们在乡城间、城市间流动，享受到了一部分城市基本公共服务，但在义务教育、医疗保障、养老等方面，还没有完全实现与城市户籍居民平等享有，他们对于均衡性的感受最为强烈。前述理论分析提出，农民工群体基于与城市户籍居民的比较，开始要求逐步享受与城市户籍居民平等的基本公共服务。所以在多个维度的均衡中，农民工与城市户籍居民间的均衡诉求最为强烈。农民工在享受基本公共服务时，有一些非竞争性和非排他性强的，与城市户籍居民的享受几无差异，而有一些，则迫于现实退回到流出地享受，所以，基本公共服务的便利性对农民工群体来说，就显得没有那么重要。

因此，我们提出假设 4.2：无论是对于义务教育公共服务、医疗卫生公共服务、基本住房保障公共服务还是社会管理服务，均衡性评价对农民工公平感有显著而稳健的正向影响，便利性评价对农民工公平感的影响不显著。普惠性、充裕性的影响有待实证。

第二节 计量方法介绍

本研究的被解释变量是排序离散变量，严谨起见，采用排序 Probit 模型进行估计。假设公平感 y_i 后的“潜变量”为 y_i^*，$y_i^* = X'\beta + \varepsilon_i$，其中 X 是由均衡性、便利性等构成的自变量列向量，β 是待估计的参数列向量，ε_i 是随机扰动项。选择规则是：

$y_i = j$，如果 $C_{j-1} < y_i^* \leqslant C_j$（$j = 1, \cdots, J$）

y_i 取某个特定值 j 的概率为：$\Pr[y_i = j] = F(C_j - X'\beta) - F(C_{j-1} - X'\beta)$

特别地，当 $j = 1$ 时，$\Pr[y_i = 1] = F(C_1 - X'\beta)$，当 $j = J$ 时，$\Pr[y_i = J] = 1 - F(C_{J-1} - X'\beta)$。

其中，$C_0=-\infty$，$C_J=+\infty$，$C_1<C_2<\cdots<C_{J-1}$ 是待估计的“切断点”。

模型的估计方法有参数估计与半参数估计，区别在于对 ε 分布函数的假定不同，参数估计将其设为标准正态分布，而半参数估计则是将 ε 的分布视为未知函数，其中含有参数 K。在实际操作中，通常采用参数估计。值得注意的是，参数并不是自变量对被解释变量 y_i 的边际影响，而是对 y_i 背后潜变量 y_i^* 的边际影响，需要进一步计算才能获得自变量对被解释变量各取值水平的边际影响。但是，经济含义是相同的。所以，既往文献在对计量结果进行分析时，通常直接分析参数估计值对被解释变量的影响。而且，有的文献直接将公平感、满意度、幸福感等离散解释变量视为连续型变量，直接进行最小二乘回归。通常来讲，经济含义与将其视为有序离散变量也是相同的。这也从一个侧面反映了公平感等有序变量具有较好的测量属性，基本相当于连续变量。为严谨起见，我们研究中仍是采用有序 Probit 模型进行参数估计。

第三节　基本公共服务四维度评价影响农民工公平感的实证分析

在 CGSS2013 这一轮的调查中，对公共教育服务、医疗卫生公共服务、基本住房保障公共服务、社会管理服务这四类基本公共服务分四个维度（依然是充裕性、均衡性、便利性和普惠性）调查了受访者的满意度评价。具体到各类不同的基本公共服务，各维度的满意度评价如何影响社会公平感？相互之间有何异同？接下来，我们还着重考察公共教育服务、医疗卫生公共服务、基本住房保障公共服务、社会管理服务关于充裕性、均衡性、普惠性、便利性的评价对其社会公平感的影响。

为严谨起见，根据以往关于公平感、幸福感的研究文献，尝试加入个体特征变量。这也是一种稳健性检验。

这些个体特征变量主要包括了性别、年龄、年龄的平方项、受教育程度、健康状况和婚姻状况，这些变量的定义如下①：

性别，用 gender 表示，设置为虚拟变量。

年龄，用 age 表示，2015 减去受访者报告的出生年份。

年龄的平方项，用 age_square 表示，用年龄的平方除以 100 代理。同时加入年龄和年龄的平方项，是为了研究公平感与年龄间是否具有 U 型或倒 U 型关系。以往许多研究幸福感的文献发现，幸福感与年龄呈 U 型关系。解释是，人到中年之时，“上有老，下有小”，压力最大。

受教育程度，用 education 表示。CGSS 调查了受访者在受访时的最高受教育程度（包括目前在读的），排除“无法回答”和“其他”两种情况，受访者在没有受过任何教育、私塾或扫盲班、小学、初中、职业高中、普通高中、中专、技校、大学专科（成人高等教育）、大学专科（正规高等教育）、大学本科（成人高等教育）、大学本科（正规高等教育）、研究生及以上这 13 个选项间进行单选，以自然数序列从 1 到 13 进行赋值，赋值越高，代表受教育程度越高。

---

① 后续在对社会公平感进行类似的分析时，结合以往研究和调查资料，通常也是引入这几个个体特征变量，不再赘述。变量的定义描述，后文与此保持一致，如有例外再作详细说明。

健康状况，用 health 表示，是受访者对受访时自身健康状况的主观评价，在“很不健康、比较不健康、一般、比较健康和很健康”之间单项选择，分别赋值 1、2、3、4 和 5，赋值越高，代表自评健康状况越好。既往研究发现，自评健康状况比客观的身体检查数据与个人幸福感等主观感受的相关性更强，这符合常理。

婚姻状况，用 dum_marr 表示。CGSS 调查了受访者的婚姻状况，有未婚、同居、初婚有配偶、再婚有配偶、分居未离婚、离婚、丧偶等 7 种情况。我们构造了一个虚拟变量。设定的规则是，如果婚姻状况是同居、初婚有配偶、再婚有配偶三种情况，取值为 1，否则取值为 0。这么做主要是考虑，婚姻的实质在于配偶双方在经济上的相互支持和精神上的相互慰藉，因此，把同居和初婚有配偶、再婚有配偶归为一类，而把分居未离婚与离婚、丧偶、未婚归为一类。

如无特别说明，以后章节在引入个体特征变量时，均与此处设定保持一致。

一、公共教育服务四维度评价与农民工社会公平感

公共教育服务主要包括学前教育、九年义务教育、高中阶段教育、职业教育四个方面。

在调查中，询问受访者觉得各类基本公共服务是否充足，受访者在非常充足、比较充足、一般、不太充足、非常不充足之间进行单项选择，分别赋值 1、2、3、4 和 5。赋值越大，代表该类基本公共服务的充裕性越差①。作为解释变量，对社会公平感进行回归时，

① CGSS2013 对公共教育服务等四类公共服务在四个维度上的满意度进行调查时，赋值规则与前面总体评价有所差异。充裕性、便利性、均衡性的赋值规则相反，普惠性的赋值规则相同。

如果符号为负，意味着充裕性的主观感知与公平感呈正相关，如果符号为正，表明解释变量与被解释变量间呈负相关关系，即充裕性越好，公平感越弱。预计符号为负。

询问受访者各类基本公共服务资源在不同地域间的分配是否均衡，受访者在非常均衡、比较均衡、一般、不太均衡和非常不均衡间进行单项选择，同样是分别赋值1、2、3、4和5。赋值越大，代表该类基本公共服务的均衡性越差。同样，如果符号为正，意味着均衡性评价与社会公平感之间呈负相关关系，反之则相反。预计符号为负。

询问受访者获得各类基本公共服务是否便利，受访者在非常便利、比较便利、一般、不太便利和非常不便之间进行选择，从1到5按自然数分别赋值。赋值越高，代表便利性程度越差。因此，作为解释变量来解释社会公平感时，如果符号为正，意味着便利性越差，公平感越强，二者呈负相关关系。如果符号为负，意味着便利性越差，公平感越弱，便利性越强，公平感越强，二者之间呈正相关关系。预计符号为负。

询问受访者各类基本公共服务过于市场化而其公共性不足的情况严重不严重，受访者在非常严重、比较严重、一般、不太严重、一点也不严重之间进行单项选择，从1到5按自然数分别赋值。一般而言，越是市场化，公共性越差，普惠的程度越低，所以这个问题实际上是在问受访者对于基本公共服务普惠性的主观感知。赋值越大，代表普惠性越强。因此，作为解释变量解释社会公平感时，如果符号为正，意味着公共性、普惠性越强，公平感越强。反之则相反。预计符号为正。

edu_enough、edu_balance、edu_convenient 和 edu_common 分别

表示对公共教育充裕性、均衡性、便利性和普惠性的主观评价。

计量回归结果见表4.5。从计量模型的实证结果看，模型1中，4个核心变量的影响都显著。模型2在模型1的基础上加入了一系列个体特征变量，对比发现，4个核心变量回归系数依然都是显著的。具体来看，公共服务的充裕性、均衡性和便利性的符号为正，即是说，公共教育服务越是充足，在地域间的分布越是均衡，获取公共教育资源越是便利，社会公平感越强。edu_common的符号为正，意味着如果人们觉得公共教育市场化而忽视公共性的情况越是不严重，社会公平感越强。或者说公共教育的公共性、普惠性越强，社会公平感就越强。4个核心变量的符号都符合预期。

表4.5 公共教育四维度评价影响社会公平感的计量结果（总样本）

解释变量	被解释变量：society_fair	
	模型1	模型2
edu_enough	-0.1000***	-0.0926***
	(0.0203)	(0.0204)
edu_balance	-0.117***	-0.109***
	(0.0183)	(0.0184)
edu_convenient	-0.0396**	-0.0353*
	(0.0182)	(0.0183)
edu_common	0.159***	0.152***
	(0.0183)	(0.0184)
gender		0.0135
		(0.0294)
age		-0.00789
		(0.00572)

续表

解释变量	被解释变量：society_fair	
	模型 1	模型 2
age_square		0.0147***
		(0.00562)
education		-0.0134**
		(0.00543)
health		0.0584***
		(0.0151)
dum_marr		-0.0326
		(0.0407)
Constant cut 1	-1.861***	-1.693***
	(0.101)	(0.185)
Constant cut 2	-0.710***	-0.536***
	(0.0988)	(0.184)
Constant cut 3	-0.0782	0.102
	(0.0985)	(0.184)
Constant cut 4	1.620***	1.815***
	(0.102)	(0.186)
样本量	5416	5403
伪 R^2	0.0236	0.0285
极大似然值	-7199.76	-7148.00

进而，四个维度评价对农民工、市民和农民的影响有何异同？接下来，我们分市民、农民和农民工群体进行实证分析，计量结果见表 4.6。

表 4.6 公共教育四维度评价影响各群体社会公平感的计量结果

解释变量	被解释变量：society_fair					
	模型 1	模型 2	模型 3	模型 4	模型 5	模型 6
	农民	农民	市民	市民	农民工	农民工
edu_enough	-0.134***	-0.118***	-0.0786**	-0.0750**	0.00745	-0.00506
	(0.0304)	(0.0306)	(0.0315)	(0.0317)	(0.0570)	(0.0576)
edu_balance	-0.105***	-0.0933***	-0.134***	-0.132***	-0.129**	-0.129**
	(0.0272)	(0.0274)	(0.0284)	(0.0286)	(0.0521)	(0.0525)
edu_convenient	-0.00599	-0.00264	-0.0991***	-0.0928***	-0.0826	-0.0757
	(0.0261)	(0.0263)	(0.0297)	(0.0298)	(0.0514)	(0.0522)
edu_common	0.163***	0.159***	0.141***	0.138***	0.0768	0.0841
	(0.0278)	(0.0280)	(0.0281)	(0.0281)	(0.0518)	(0.0527)
gender		0.0321		0.000875		-0.0115
		(0.0443)		(0.0458)		(0.0828)
age		0.0108		-0.0167*		-0.0248
		(0.00846)		(0.00892)		(0.0234)
age_square		5.33e-05		0.0207**		0.0271
		(0.00821)		(0.00860)		(0.0271)
education		0.00388		-0.00129		0.0213
		(0.0132)		(0.00824)		(0.0171)
health		0.0725***		0.0588**		0.0765
		(0.0204)		(0.0259)		(0.0490)

续表

解释变量	被解释变量：society_fair					
	模型 1	模型 2	模型 3	模型 4	模型 5	模型 6
	农民	农民	市民	市民	农民工	农民工
dum_marr		-0.0609		-0.0381		0.176
		(0.0628)		(0.0609)		(0.128)
Constant cut 1	-1.933***	-1.085***	-1.997***	-2.056***	-1.774***	-1.734***
	(0.149)	(0.281)	(0.159)	(0.299)	(0.290)	(0.595)
Constant cut 2	-0.769***	0.0943	-0.848***	-0.901***	-0.595**	-0.549
	(0.145)	(0.279)	(0.156)	(0.297)	(0.285)	(0.592)
Constant cut 3	-0.174	0.698**	-0.179	-0.229	0.105	0.158
	(0.145)	(0.280)	(0.155)	(0.297)	(0.285)	(0.592)
Constant cut 4	1.571***	2.464***	1.505***	1.461***	1.750***	1.800***
	(0.149)	(0.283)	(0.162)	(0.300)	(0.302)	(0.602)
样本量	2489	2483	2213	2209	703	700
伪 R^2	0.0200	0.0306	0.0281	0.0307	0.0117	0.0151
极大似然值	-3238.43	-3203.90	-2954.14	-2940.39	-947.25	-940.46

对比模型5和模型6，针对农民工群体，公共教育服务的均衡性的影响系数是负的，在5%的显著性水平上显著。除此之外，充裕性、普惠性和便利性的影响都不显著。

比较发现，即便是农民工群体，相对于农民，对九年义务教育更加满意。这似乎有点儿不好理解。我们从一些访谈中发现了一些有价值的信息。

A，男，来自河南，学历不高，在一家快递公司工作，工作内容主要是快递打包。夫妻二人均在上海打工。夫妻有两个子女，大的是儿子，读小学一年级，六岁多，小的是女儿，三岁多，刚上幼儿园小班。由父母帮忙带孩子，主要靠母亲。大儿子在上海徐汇的一所公办小学里读书。在A一家人租住的小区里，我们对A的母亲（孩子的奶奶）进行了访谈。小孩子的奶奶说：

“以前租住在（位于市区的）民房里，房租便宜，钱攒下来得多，后来拆迁拆掉了，只好换到这里租，一个月房租要四五千块，主要也是为了离小孙子上学的地方近。没打算在上海买房，也买不起，以后还是要到老家的县上或市里买。在上海还是比老家挣得多。孙子读的是公立，不要学费，其他杂费也不多，比老家教得好，满意。”

当我们问小孙女的入学情况时，奶奶说：

“小孙女三岁多，刚上幼儿园，上的是私立的幼儿园，一个月费用一千多。比公立的贵很多。”当我们追问能不能读公立幼儿园时，奶奶说，“小孙女本来也可以去报名读公立幼儿园，但之前有规定，需要办居住证，我们错过了，没得选，只好上私立。”

据了解，在上海，私立幼儿园一个月一千多的费用已经算是较低水平。但相对于农民工的收入水平，是一笔不小的负担。公立与私立幼儿园费用悬殊，人们通常又觉得公立与普通的私立幼儿园差别不大，所以公立幼儿园名额通常紧张。小孙女的奶奶虽然说可以报名，但据我们到居委会访谈，租住小区对口的幼儿园对口的小区多，落户落得晚都进不去还要统筹，只有产证没有落户更不可能，更别说没产证只租住了。但是，从中不难看出，一些农民工的子女能够进入公立小学读书，这甚至超过了他们自己的预期。大城市的教育水平更高，教育质量更好，虽然花费比农村老家多，但在大城市挣得也更多。

二、医疗卫生公共服务四维度评价与农民工社会公平感

医疗卫生公共服务牵涉的方面比较多，包括城乡居民健康档案服务、健康教育服务、预防接种、传染病防治，儿童、孕产妇、老年人保健，慢性病管理，重性精神疾病管理，卫生监督协管（食品、饮水、公共场所等），基本药物制度，药品安全管理。

med_enough、med_balance、med_convenient 和 med_common 分别表示对医疗卫生公共服务充裕性、均衡性、便利性和普惠性的主观评价，作为核心解释变量解释社会公平感。表 4.7 中，模型 1 仅引入四个核心解释变量，模型 2 在模型 1 的基础上引入一系列个体特征变量。

从模型 1 和模型 2 来看，四个核心变量对社会公平感的影响均是显著的。其中，med_enough、med_balance、med_convenient 的符号为负，均是在 1%的显著性水平上显著，med_common 的符号为正，在 1%的显著性水平上显著。这说明无论是充裕性、均衡性、便利性还是普惠性，均是主观评价越好，社会公平感越强，主观满意度评价越差，社会公平感越弱，符合理论预期。

表 4.7 医疗公共卫生服务四维度评价影响社会公平感的计量模型（总样本）

解释变量	被解释变量：society_fair	
	模型 1	模型 2
med_enough	-0.0951***	-0.0792***
	(0.0208)	(0.0209)

续表

解释变量	被解释变量：society_fair	
	模型 1	模型 2
med_balance	−0.122***	−0.122***
	(0.0197)	(0.0199)
med_convenient	−0.0528***	−0.0519***
	(0.0182)	(0.0183)
med_common	0.133***	0.127***
	(0.0184)	(0.0185)
gender		0.0186
		(0.0291)
age		−0.00723
		(0.00567)
age_square		0.0145***
		(0.00556)
education		−0.0180***
		(0.00538)
health		0.0515***
		(0.0149)
dum_marr		−0.0269
		(0.0403)
Constant cut 1	−1.983***	−1.841***
	(0.0996)	(0.183)
Constant cut 2	−0.839***	−0.689***
	(0.0972)	(0.182)
Constant cut 3	−0.210**	−0.0528
	(0.0969)	(0.182)

续表

解释变量	被解释变量：society_fair	
	模型 1	模型 2
Constant cut 4	1. 478***	1. 654***
	(0. 100)	(0. 184)
样本量	5514	5499
伪 R^2	0. 0218	0. 0279
极大似然值	-7348. 71	-7284. 41

接下来分群体研究医疗公共卫生服务多维度评价对社会公平感的影响，计量回归结果如表 4. 8 所示。

表 4. 8　医疗卫生公共服务四维度评价影响各群体社会公平感的计量结果

解释变量	被解释变量：society_fair					
	模型 1	模型 2	模型 3	模型 4	模型 5	模型 6
	农民	农民	市民	市民	农民工	农民工
med_enough	-0. 0847***	-0. 0704**	-0. 132***	-0. 122***	-0. 00146	-0. 00520
	(0. 0309)	(0. 0310)	(0. 0327)	(0. 0330)	(0. 0571)	(0. 0578)
med_balance	-0. 0986***	-0. 102***	-0. 154***	-0. 151***	-0. 163***	-0. 161***
	(0. 0296)	(0. 0298)	(0. 0309)	(0. 0311)	(0. 0537)	(0. 0542)
med_convenient	-0. 0476*	-0. 0405	-0. 0668**	-0. 0643**	-0. 0908*	-0. 0822
	(0. 0265)	(0. 0268)	(0. 0290)	(0. 0291)	(0. 0510)	(0. 0514)
med_common	0. 132***	0. 129***	0. 113***	0. 111***	0. 0731	0. 0744
	(0. 0277)	(0. 0278)	(0. 0285)	(0. 0286)	(0. 0521)	(0. 0525)

续表

解释变量	被解释变量：society_fair					
	模型 1	模型 2	模型 3	模型 4	模型 5	模型 6
	农民	农民	市民	市民	农民工	农民工
gender		0.0427		0.00170		-0.0159
		(0.0438)		(0.0455)		(0.0824)
age		0.0136		-0.0170*		-0.0366
		(0.00838)		(0.00883)		(0.0227)
age_square		-0.00182		0.0208**		0.0413
		(0.00814)		(0.00848)		(0.0261)
education		-0.00388		-0.00416		0.0141
		(0.0131)		(0.00820)		(0.0167)
health		0.0693***		0.0513**		0.0535
		(0.0202)		(0.0257)		(0.0481)
dum_marr		-0.0492		-0.0357		0.180
		(0.0622)		(0.0605)		(0.125)
Constant cut 1	-1.989***	-1.122***	-2.222***	-2.321***	-1.939***	-2.235***
	(0.148)	(0.274)	(0.158)	(0.299)	(0.277)	(0.572)
Constant cut 2	-0.840***	0.0456	-1.076***	-1.171***	-0.746***	-1.036*
	(0.143)	(0.273)	(0.154)	(0.297)	(0.273)	(0.569)
Constant cut 3	-0.249*	0.646**	-0.401***	-0.492*	-0.0547	-0.339
	(0.143)	(0.273)	(0.154)	(0.297)	(0.272)	(0.568)

续表

解释变量	被解释变量：society_fair					
	模型 1	模型 2	模型 3	模型 4	模型 5	模型 6
	农民	农民	市民	市民	农民工	农民工
Constant cut 4	1.465***	2.389***	1.302***	1.219***	1.616***	1.327**
	(0.147)	(0.277)	(0.160)	(0.299)	(0.286)	(0.576)
样本量	2551	2544	2241	2236	710	707
伪 R^2	0.0168	0.0276	0.0305	0.0331	0.0159	0.0185
极大似然值	-3342.59	-3298.27	-2983.21	-2968.36	-951.70	-945.72

从模型 5 来看，针对农民工群体，均衡性和便利性的主观评价对社会公平感的影响显著，充裕性和普惠性的主观评价对社会公平感的影响不显著。引入个体特征变量后，便利性程度的主观评价影响便不再显著，但均衡性的主观评价的影响依然是在 1%的显著性水平上显著。对比模型 3 和模型 4，对市民群体，无论是否引入个体特征变量，医疗卫生服务四个维度的评价的影响均是显著的，符号与总样本的符号一致。而对比模型 1 和模型 2，充裕性、均衡性、普惠性主观评价的影响显著，在不引入个体特征变量时，便利性的影响在 10%的显著性水平上显著，而引入个体特征变量以后，符号仍为负，但不显著。

所以综合来看，市民群体对医疗卫生服务的充裕性、均衡性、便利性和普惠性都有强烈的要求，而农民群体主要是对充裕性、均衡性和普惠性有强烈要求，而便利性的要求没有那么强烈。对广大农村来讲，医疗服务体系已经比较健全，小的疾病可以在自然村或行政村的卫生所解决，较严重的疾病可以到乡镇、县级乃至市级医院，所以便利性问题已经得到较好的解决。

对比发现，对于农民工群体来说，与公共教育服务评价影响其社会公平感的模式一致，同样是均衡性的满意度对社会公平感有显著的正向影响。这表明，对于农民工群体来说，医疗卫生公共服务的均衡性是其公平感的重要影响因素。

三、基本住房公共服务四维度评价与农民工社会公平感

基本住房保障公共服务涉及廉租房服务、公租房服务、棚户区改造、农村危房改造、房价调控等方面。

我们用 hou_enough、hou_balance、hou_convenient 和 hou_common 分别代表人们对基本住房保障公共服务充裕性、均衡性、便利性和普惠性的主观评价，作为核心的解释变量解释社会公平感。模型 2 在模型 1 的基础上引入了个体特征变量。计量回归的结果如表 4.9 所示。

表 4.9　基本住房保障四维度评价影响社会公平感的计量结果（总样本）

解释变量	被解释变量：society_fair	
	模型 1	模型 2
hou_enough	-0.0901***	-0.0808***
	(0.0212)	(0.0213)
hou_balance	-0.112***	-0.107***
	(0.0223)	(0.0223)
hou_convenient	-0.0652***	-0.0630***
	(0.0204)	(0.0206)
hou_common	0.130***	0.119***
	(0.0189)	(0.0190)

续表

解释变量	被解释变量：society_fair	
	模型 1	模型 2
gender		0.00812
		(0.0296)
age		−0.00765
		(0.00577)
age_square		0.0145**
		(0.00568)
education		−0.0172***
		(0.00545)
health		0.0567***
		(0.0152)
dum_marr		−0.0181
		(0.0411)
Constant cut 1	−2.061***	−1.923***
	(0.109)	(0.191)
Constant cut 2	−0.913***	−0.769***
	(0.107)	(0.190)
Constant cut 3	−0.283***	−0.132
	(0.106)	(0.190)
Constant cut 4	1.410***	1.578***
	(0.110)	(0.192)
样本量	5333	5318
伪 R^2	0.0211	0.0264
极大似然值	−7106.20	−7049.23

可以看到，对比模型 1 和模型 2，无论是否引入个体特征变量，4 个核心变量对社会公平感的影响均是显著的，并且均是在 1%的显著性水平上显著。这与前面公共教育服务、医疗卫生公共服务在总样本下的回归结果一致。

同样地，我们区分样本分别进行回归，进行群际间的横向比较。计量回归模型的结果见表 4. 10。

有意思的是，对比模型 5 和模型 6，针对农民工群体，充裕性的影响符号为正，但不显著。便利性主观评价的符号为负，不显著。而均衡性和普惠性主观评价的符号分别为负和正，均在 5%的显著性水平下显著。这表明，对于基本住房保障公共服务，农民工群体不但关心区域间的均衡性，还关注普惠性，即城市的住房保障能否覆盖到自己。

而针对农民群体，均衡性和普惠性的影响均是显著的，在 1%的显著性水平上显著，符号分别为负和正，符合常理和预期。而对市民群体来讲，4 个核心变量的影响均是显著的，符号与总样本的回归结果一致。这表明，市民群体的需求达到更高的层次，对于充裕性、均衡性、便利性和普惠性均有较高的要求，均是影响其社会公平感的重要因素。

表 4. 10　基本住房保障四维度评价影响各群体社会公平感的计量结果

解释变量	被解释变量：society_fair					
	模型 1	模型 2	模型 3	模型 4	模型 5	模型 6
	农民	农民	市民	市民	农民工	农民工
hou_enough	−0. 0501	−0. 0389	−0. 150 ***	−0. 145 ***	0. 00108	0. 00146
	(0. 0332)	(0. 0334)	(0. 0320)	(0. 0321)	(0. 0547)	(0. 0554)

续表

解释变量	被解释变量：society_fair					
	模型 1	模型 2	模型 3	模型 4	模型 5	模型 6
	农民	农民	市民	市民	农民工	农民工
hou_balance	-0. 139***	-0. 129***	-0. 0689**	-0. 0681**	-0. 155**	-0. 158**
	(0. 0342)	(0. 0345)	(0. 0335)	(0. 0337)	(0. 0618)	(0. 0623)
hou_convenient	-0. 0380	-0. 0376	-0. 114***	-0. 106***	-0. 0608	-0. 0562
	(0. 0319)	(0. 0320)	(0. 0312)	(0. 0314)	(0. 0525)	(0. 0530)
hou_common	0. 103***	0. 0967***	0. 129***	0. 124***	0. 107**	0. 106**
	(0. 0296)	(0. 0298)	(0. 0285)	(0. 0286)	(0. 0513)	(0. 0516)
gender		0. 0445		-0. 0194		-0. 00964
		(0. 0450)		(0. 0459)		(0. 0823)
age		0. 0141*		-0. 0185**		-0. 0449*
		(0. 00859)		(0. 00894)		(0. 0235)
age_square		-0. 00302		0. 0217**		0. 0528*
		(0. 00834)		(0. 00862)		(0. 0272)
education		-0. 00902		-0. 00560		0. 0172
		(0. 0133)		(0. 00826)		(0. 0168)
health		0. 0700***		0. 0654**		0. 0621
		(0. 0208)		(0. 0258)		(0. 0484)
dum_marr		-0. 0504		-0. 0266		0. 226*
		(0. 0644)		(0. 0611)		(0. 127)

续表

解释变量	被解释变量：society_fair					
	模型 1	模型 2	模型 3	模型 4	模型 5	模型 6
	农民	农民	市民	市民	农民工	农民工
Constant cut 1	-2.123***	-1.266***	-2.205***	-2.322***	-1.823***	-2.184***
	(0.170)	(0.291)	(0.167)	(0.312)	(0.289)	(0.585)
Constant cut 2	-0.965***	-0.0917	-1.057***	-1.172***	-0.634**	-0.988*
	(0.166)	(0.289)	(0.163)	(0.310)	(0.284)	(0.581)
Constant cut 3	-0.383**	0.500*	-0.378**	-0.488	0.0714	-0.276
	(0.165)	(0.289)	(0.162)	(0.309)	(0.283)	(0.580)
Constant cut 4	1.337***	2.249***	1.326***	1.223***	1.716***	1.366**
	(0.169)	(0.293)	(0.169)	(0.312)	(0.300)	(0.589)
样本量	2410	2404	2206	2200	706	703
伪 R^2	0.0138	0.0242	0.0304	0.0328	0.0155	0.0188
极大似然值	-3158.79	-3119.23	-2934.89	-2919.60	-948.16	-941.42

四、社会管理服务四维度评价与农民工社会公平感

社会管理服务涉及的面非常广，与老百姓的生活密切相关，包括人口登记与户籍服务、食品药品安全、社会治安、社会矛盾化解、互联网服务管理、经济与社会组织管理、维护市场秩序等方面。调研发现，对于进城农民工来讲，密切相关的社会管理服务包括身份证补办、换发，计划生育工作等。

我们用 ser_enough、ser_balance、ser_convenient 和 ser_common 分别表示人们对社会管理服务充裕性、均衡性、便利性和普惠性的主观评价。首先针对全样本进行计量分析，回归结果见表 4.11 中的模型 1 和模型 2。

表 4.11　社会管理服务四维度评价影响社会公平感的计量结果（总样本）

解释变量	被解释变量：society_fair	
	模型 1	模型 2
ser_enough	-0.116***	-0.108***
	(0.0234)	(0.0235)
ser_balance	-0.160***	-0.156***
	(0.0210)	(0.0211)
ser_convenient	-0.0501**	-0.0446**
	(0.0206)	(0.0207)
ser_common	0.117***	0.107***
	(0.0194)	(0.0196)
gender		0.0180
		(0.0293)
age		-0.00867
		(0.00571)
age_square		0.0157***
		(0.00560)
education		-0.0159***
		(0.00540)
health		0.0472***
		(0.0151)

续表

解释变量	被解释变量：society_fair	
	模型 1	模型 2
dum_marr		−0.0111
		(0.0407)
Constant cut 1	−2.170***	−2.071***
	(0.109)	(0.189)
Constant cut 2	−1.026***	−0.921***
	(0.106)	(0.188)
Constant cut 3	−0.395***	−0.283
	(0.106)	(0.188)
Constant cut 4	1.300***	1.430***
	(0.109)	(0.189)
样本量	5434	5420
伪 R^2	0.0231	0.0288
极大似然值	−7232.81	−7173.84

从模型 1 的回归结果看，充裕性、均衡性和便利性的符号均为正，至少在 5%的显著性水平上显著。普惠性评价的影响符号为正，在 1%的显著性水平上显著。这与前面三类基本公共服务影响公平感的回归系数的符号和显著性均是一致的。模型 2 中加入了一系列个体特征变量，模型的伪 R^2有所提高，从 0.0231 提高到 0.0288，提高了 24.68%，模型的解释力有较为明显的提升。从符号和显著性看，与模型 1 中核心变量的符号和显著性保持一致，模型很稳健。因此，总体上看，人们对社会管理服务充裕性、均衡性、便利性和普惠性的评价均是影响其社会公平感的重要因素。

我们还分别就农民、市民、农民工群体进行分样本回归，计量回归结果见表4. 12。

表4. 12 社会管理服务四维度评价影响各群体社会公平感的计量结果

解释变量	被解释变量：society_fair					
	模型1	模型2	模型3	模型4	模型5	模型6
	农民	农民	市民	市民	农民工	农民工
ser_enough	-0. 0679 **	-0. 0579	-0. 168 ***	-0. 163 ***	-0. 0670	-0. 0687
	(0. 0356)	(0. 0358)	(0. 0364)	(0. 0365)	(0. 0620)	(0. 0623)
ser_balance	-0. 188 ***	-0. 183 ***	-0. 142 ***	-0. 137 ***	-0. 157 ***	-0. 159 ***
	(0. 0321)	(0. 0323)	(0. 0319)	(0. 0322)	(0. 0581)	(0. 0585)
ser_convenient	-0. 0277	-0. 0193	-0. 0897 ***	-0. 0813 **	-0. 0815	-0. 0839
	(0. 0306)	(0. 0308)	(0. 0319)	(0. 0320)	(0. 0602)	(0. 0604)
ser_common	0. 131 ***	0. 122 ***	0. 0979 ***	0. 0950 ***	0. 0522	0. 0487
	(0. 0304)	(0. 0305)	(0. 0292)	(0. 0293)	(0. 0540)	(0. 0546)
gender		0. 0546		-0. 00636		-0. 00993
		(0. 0442)		(0. 0457)		(0. 0824)
age		0. 0105		-0. 0153**		-0. 0366
		(0. 00846)		(0. 00890)		(0. 0229)
age_square		0. 000474		0. 0198 **		0. 0402
		(0. 00821)		(0. 00855)		(0. 0263)
education		-0. 00128		-0. 00190		0. 0100
		(0. 0131)		(0. 00824)		(0. 0167)

续表

解释变量	被解释变量：society_fair					
	模型 1	模型 2	模型 3	模型 4	模型 5	模型 6
	农民	农民	市民	市民	农民工	农民工
health		0.0552***		0.0607**		0.0586
		(0.0205)		(0.0259)		(0.0483)
dum_marr		−0.0370		−0.0377		0.246*
		(0.0630)		(0.0609)		(0.126)
Constant cut 1	−2.146***	−1.390***	−2.365***	−2.358***	−2.125***	−2.431***
	(0.168)	(0.289)	(0.165)	(0.303)	(0.305)	(0.591)
Constant cut 2	−0.992***	−0.220	−1.227***	−1.215***	−0.937***	−1.237**
	(0.164)	(0.287)	(0.161)	(0.301)	(0.299)	(0.587)
Constant cut 3	−0.399**	0.381	−0.551***	−0.535*	−0.248	−0.541
	(0.163)	(0.287)	(0.160)	(0.300)	(0.298)	(0.586)
Constant cut 4	1.326***	2.131***	1.163***	1.184***	1.408***	1.114*
	(0.166)	(0.290)	(0.165)	(0.302)	(0.313)	(0.594)
样本量	2499	2493	2218	2213	706	703
伪 R^2	0.0205	0.0300	0.0295	0.0322	0.0158	0.0192
极大似然值	−3266.19	−3228.45	−2951.68	−2936.73	−948.44	−941.61

针对我们最为关心的农民工群体，充裕性、便利性的符号为负，普惠性的符号为正，但均不显著，而仅有均衡性的主观评价的符号

是显著的，在1%的显著性水平上显著，并且符号与总样本回归符号一致，为负。这表明，农民工群体对于均衡性感受最为敏感，对其社会公平感产生显著的影响。针对市民群体来讲，4个核心变量的符号与总样本回归中4个对应变量的符号一致，并且均是显著的。而对于市民来讲，4个核心变量的符号与总样本回归中对应变量的符号一致，并且至少在5%的显著性水平上显著。这表明，对于市民群体来讲，其需求的内容更加广泛，需求的层次更高，对充裕性、均衡性、便利性和普惠性的评价都是其社会公平感的重要影响因素。

而对于农民群体来讲，便利性评价的符号为负，但不显著。对比模型1和模型2，在模型1中，充裕性和均衡性评价的影响符号为负，在10%的显著性水平上显著；在模型2中，引入个体特征变量后，均衡性的影响依然是显著的，充裕性影响的符号没有变化，但变得不再显著。普惠性评价的影响为正，无论是否引入个体特征变量，均是在1%的显著性水平上显著。可以看出，农民群体对于均衡性、普惠性都有强烈的需求，而农民工群体仅是对均衡性有强烈需求，是其社会公平感的显著影响因素。

五、四类基本公共服务四维度评价影响社会公平感的汇总分析

基于前面的分析，以加入个体特征变量的回归结果为准，把核心变量的回归结果整理在一个表中，见表4.13。一方面是考虑加入个体特征变量后，计量上更加精确；另一方面，基于前述分析，实际上引入个体特征变量后，结果也非常稳健。

表 4.13　四类基本公共服务四维度评价影响社会公平感的汇总与对比

基本公共服务类别	考察维度	农民工	农民	市民	全样本
公共教育服务	充裕性	—	显著	显著	显著
	均衡性	显著	显著	显著	显著
	便利性	—	—	显著	显著
	普惠性	—	显著	显著	显著
医疗卫生服务	充裕性	—	显著	显著	显著
	均衡性	显著	显著	显著	显著
	便利性	—	—	显著	显著
	普惠性	—	显著	显著	显著
住房基本保障服务	充裕性	—	—	显著	显著
	均衡性	显著	显著	显著	显著
	便利性	—	—	显著	显著
	普惠性	显著	显著	显著	显著
社会管理服务	充裕性	—	—	显著	显著
	均衡性	显著	显著	显著	显著
	便利性	—	—	显著	显著
	普惠性	—	显著	显著	显著

注：如果在10%的显著性水上显著，我们标记为“显著”。如果不显著，我们直接标记为“—”。

对比来看，有意思的是，就市民群体而言，充裕性、均衡性、便利性和普惠性都是影响其社会公平感的显著因素，而对农民来讲，便利性都不是显著的影响因素，在其他三个维度，公共教育服务和医疗卫生服务的充裕性影响显著，住房基本保障服务和社会管理服务的充裕性影响不显著。

更重要的是看农民工群体社会公平感的影响因素，除住房基本保障服务的均衡性和普惠性同时影响其社会公平感，其他几项公共服务，全部都是仅有均衡性影响其社会公平感。假设 4.2 得到验证。

第五章　基本公共服务配置的群体、城乡与类别结构

基本公共服务配置的结构可以从不同角度剖析，最常被纳入分析的包括城乡结构、区域结构、群体结构（主要是指农民工与城市户籍居民间享受基本公共服务的不对等）。在这些结构中，我们主要关注城乡结构和群体结构。关注城乡结构的理由是，农民工在城乡间、城市间以及务工城市内不同的工作单位和岗位上交互流动。就公共服务来讲，有的公共服务的享受具有“随身性”——在哪里务工和生活，就在哪里享受，比如公共安全；有的基本公共服务的享受可以采取“空间替代”的方式——在流入地务工生活，但在流出地享受户籍所在地政府提供的基本公共服务，典型的如义务教育。后一种情况下，一部分农民工在流入地享受基本公共服务，一部分农民工在流出地享受基本公共服务。在农民工享受城市某些基本公共服务同城市户籍居民仍有不同程度区隔的情况下，不少农民工对某些公共服务的享受被迫采取“空间替代”的方式。但“空间替代”模式会带来摩擦，甚至可能出现无论在流入地还是流出地都没有享受到。关注群体结构的理由是，这最直接地体现了基本公共服务在农民工和城市户籍居民间区隔和均等化的程度，而且相对于城

乡均等化和区域均等化，农民工与城市户籍居民间的基本公共服务均等化是最迫切的需要。当然，以上两种结构彼此联结。

关于区域结构，区域之间财政实力有差距，相应地，基本公共服务在区域之间必然存在不同程度的不均等。这种区域差距可以表现为东部、中部与西部之间的差距，还可以更具体地表现为省域间的差距，区域的单位可以更小，表现为不同城市间的差距，不同县域间的差距，不同地区农村之间的差距，诸如此类。在现行财政收入和支出体制下，这种差距一方面有其必然性，另一方面，它不是只有农民工群体会面临的问题，这是指，无论是农民还是城市户籍居民，都将面临区域差距。因此，本书不打算过多分析配置结构中的区域结构。

除了讨论以上配置结构，讨论各类基本公共服务之间的配置结构（即义务教育、基本医疗保障、住房、公共安全等之间的配置结构）并不多，主要是从公共支出结构的角度展开讨论。对农民工群体来说，既有其群体特质，群体内部也有异质性，对各类公共服务的需求有轻重缓急，那么，从优化支出结构、配置结构以最大化福利的角度看，这是一个值得深入探讨的问题。本书中，我们通过分析农民工对各类公共服务的满意度尝试性探讨公共服务的类别结构。

第一节　基本公共服务配置的群体结构：农民工与城市户籍居民

一、农民工与城市户籍居民享受基本公共服务的不均衡现状

关于基本公共服务在农民工与城市户籍居民之间非均等化的程度，依公共服务的类别而不尽相同。有的公共服务的非竞争性和非排他性强，也不宜依据户籍、居住证积分等标准进行区隔，区隔成本太高，比如环境保护、交通设施、休闲广场和公园市政等。或者说，这些公共服务在不同群体间即便是有区隔，区隔程度相对较小。① 相应地，这些公共服务在农民工与城市户籍居民间的均等化程度相对更高。比如行政服务和公共安全，某些具体方面一定程度上直接或间接与户籍相关，但相关性较弱。比如，警力配备基本以户籍为依据，使得一些外来人口流动量大、社会治安问题较多的地区，出现了警力严重不足的问题。② 但即便是警力不足，城镇户籍人口与非城镇户籍人口享受到的服务质量基本也是无差异的。

有的公共服务，竞争性和排他性要强一些，比如义务教育。这

① 举例来讲，上海市交管部门规定，在特定时段，部分道路（如中环线）对挂外省市牌照的小客车限制通行。根据上海市交通委于 2016 年 6 月 18 日公布的《上海市非营业性客车额度拍卖管理规定（修订版）》，对非上海户口，要求“持本市居住证明且自申请之日前已在本市连续缴纳满 3 年社会保险或个人所得税”。

② 江依妮，张光．财政资源错配：户籍区隔下的地方公共服务供给［J］．经济体制改革，2016（4）．

类公共服务也较容易依据户籍、居住证积分等标准进行区隔，这类公共服务的均等化程度相对较低。这种把户籍作为准入条件或分配依据的公共服务供给方式，造成了财政资源在人口流入地与人口流出地之间的错配。江依妮和张光利用福建省县级层面2006—2013年的数据进行了实证分析，发现在人口流入地，以户籍区隔的公共服务的支出水平会随外来人口的增加而降低，而在人口流出地，这些公共服务支出水平随人口流出而上升。这类基本公共服务包括义务教育、医疗、社会保障、公共治安、行政管理等。而那些不以户籍区隔的公共服务的财政资源错配现象并不严重。① 这类公共服务包括基础设施、环境卫生、企业补贴、文娱科技、农林水利气象等。

二、尚未均等化背后迫于无奈的“空间替代”及其问题

对有子女的进城农民工来说，在享受基本公共服务上最为关注的便是子女教育问题。当前，有越来越多的家庭采取举家外出务工模式，把子女也带在身边，形成了“随迁儿童”群体。如果我们看一些调查分析，似乎随迁儿童入托入学问题已经解决得不错。② 国务院2017发布的《“十三五”推进基本公共服务均等化规划》中提到，截至2015年，进城务工人员随迁子女在流入地公办学校就读的比例超过80%。③ 在表5.1中，我们根据近五年农民工监测调查报

① 江依妮，张光．财政资源错配：户籍区隔下的地方公共服务供给［J］．经济体制改革，2016（4）．

② 幼儿入园不属于九年义务教育，但无论是对于农民、市民还是对于农民工，它都是十分迫切的公共服务需要，并且现实中也主要依赖公办幼儿园解决幼儿入园问题，因此，我们此处把幼儿入园问题一并进行考察。

③ 参见国务院2017年1月23日印发的《国务院关于印发“十三五”推进基本公共服务均等化规划的通知》（国发〔2017〕9号）。

告，整理了 3—5 岁随迁儿童和义务教育阶段儿童的入园、在校情况，以及在入园和入学过程中，进入公办幼儿园、公办学校和普惠性民办幼儿园和有政府支持的民办学校的情况。

表 5.1 2016—2020 年随迁儿童入托、入学情况

类别／年份	3—5 岁随迁儿童			义务教育阶段				
				在校率	小学		初中	
	入园率	进入公办幼儿园比率	进入普惠性民办幼儿园比率		在公办学校就读的比率	在有政府支持的民办学校就读的比率	在公办学校就读的比率	在有政府支持的民办学校就读的比率
2016	82.7%	25.4%	34.6%	98.7%	81.8%	9.1%	83.2%	10.1%
2017	83.3%	26.7%	33.8%	98.7%	82.2%	10.8%	85.9%	9.7%
2018	83.5%	26.0%	35.2%	98.9%	82.2%	11.6%	84.1%	10.0%
2019	85.8%	25.2%	35.7%	99.5%	83.4%	11.9%	85.2%	8.8%
2020	86.1%	28.9%	37.2%	99.4%	81.5%	12.4%	87.0%	7.1%

据农民工监测调查报告，2016—2020 年，3—5 岁随迁儿童入园率（含学前班）稳步提高，分别为 82.7%、83.3%、83.5%、85.8%和 86.1%。就 2020 年的情况来看，其中，28.9%在公办幼儿园，比 2019 年提高 3.7%；37.2%在普惠性民办幼儿园，比 2019 年提高 1.5%。就义务教育阶段在校率来看，2016—2019 年，在校率已经较高，并且在微幅上升，2017 年与 2016 年持平，2018 年义务教育阶段随迁儿童的在校率达 98.9%，较 2017 年提高 0.2%，2019 年较上年提高 0.6%，2020 年与 2019 年基本持平。从就读学校的类型看，2018 年，小学阶段随迁儿童有 82.2%在公办学校就读，与 2017 年持

平，2019 年进一步提高到 83.4%，提高 1.2%；2018 年，11.6%在有政府支持的民办学校就读，比 2017 年提高 0.8%，2019 年和 2020 年分别提高到 11.19%和 12.4%。2018 年，初中阶段随迁儿童中有 84.1%在公办学校就读，较 2017 年下降 1.8%，但随后持续提升，2019 年和 2020 年分别提高到 85.2%和 87.0%；2018 年，初中阶段随迁儿童中有 10%在有政府支持的民办学校就读，较 2017 年提高 0.3%，与公办学校就读比例上升相对应，2019 年和 2020 年分别降到 8.8%和 7.1%。

对比可以发现，随迁子女入园（含学前班）时，有较多进入普惠性民办幼儿园，进入公办幼儿园的比率还较低，仅占 1/4 左右；而在义务教育阶段，则有 80%以上是在公办学校就读。从以上分析，似乎可以得出结论，即随迁儿童的入托入学问题已经得到较妥善的解决，但这似乎又与农民工子女入托入学难度大、满意度低的普遍印象有所矛盾。对 CGSS2015 年的分析也表明，居民对基础教育公共服务表示“满意”和“非常满意”的较低，表示“不满意”和“非常不满意”的较高。

我们调研发现，一些农民工进城时，把子女留在农村老家并不是合意的选择，更是出于无奈采取“空间替代”的模式享受基本公共服务。

根据我们的调查，在 695 位被调查者中，有 433 位没有子女在上幼儿园，占 62.30%。有子女在上幼儿园的有 262 位，占全样本的 37.70%。在 262 个样本中，又分为三种情况：第一种是“在老家上”，第二种是“在我工作的城市上”，第三种是“子女有多个，有的在老家上，有的在我工作的地方上”，三种情况依次有 166 位、84 位、12 位，分别占 63.36%、32.06%和 4.58%。可见，在有子女读幼儿园的家庭，约有2/3没有让子女随迁，子女随迁并在务工城市读幼儿园的接近1/3。

在695位被调查者中，共有309位有子女在上小学或初中，占44.46%，另外386位没有子女在上小学或初中，占55.54%。在309位有子女在上小学或初中的样本中，同样分为三种情况，其中，“在老家上”的有199位，占64.40%，“在我工作的城市上”的有98位，占31.72%，“子女有多个，有的在老家上，有的在我工作的地方上”的共有12位，占3.88%。由此可见，有不到1/3的家庭通过子女随迁的方式在务工城市接受义务教育，有约2/3的家庭选择让子女在老家或部分在老家接受义务教育。

通过我们的调查进一步佐证了前面的分析，即尽管随迁子女在城市就读幼儿园或接受义务教育的比例已经很高，但这背后有很多家庭通过空间替代的方式在流出地享受义务教育公共服务。并且通过调查还发现了一种情况，即在多子女家庭中，子女间分别在流入地和流出地入托或入学，家庭内部留守儿童和随迁儿童并存。

为什么更多的家庭没有选择让子女随迁？我们对在上海某制造工厂务工的一位女工进行了访谈，访谈时间是2018年10月。该女工29岁，来自河南，2016年12月来到上海，之后一直在同一工厂务工，持续了两年多时间。我们访谈了其子女受教育的相关情况。

调查员：您孩子几岁了？

受访者M：七岁。

调查员：在哪里上学？

受访者M：在河南老家。

调查员：想不想让他到上海来上学？

受访者 M：根本不敢想。

调查员：为什么？

受访者 M：来上学花费太贵，上不起。我现在住在厂宿舍，一个月从工资里扣 80 多块。要是来上学，肯定得租房子，没 1000 块肯定下不来。还得来个人专门接送。就算来了也不知道能不能进得去呢。

调查员：还有别的原因吗？

受访者 M：我上班也是两班倒，有时白班，有时夜班，一个月一换。上班时间长，孩子来这里上学也没时间管他。

受访者透露了子女没有随迁的三个原因：一是对政策不了解，主观上认定基本很难入学。二是费用太高。除了学费、生活费，整个家庭的支出急剧增加，需要在外面租房，而且专人接送，也会增加支出，家庭收入受影响。三是工作性质决定难以有时间和精力照顾孩子。根据农民工监测调查报告，2017 年，对于义务教育阶段的随迁儿童，55.8%的农民工反映在城市上学面临一些问题，较 2016 年下降 2.4%，虽有下降，但仍有过半农民工反映面临问题。家长认同度最高的三个主要问题是“费用高”“本地升学难”“孩子没人照顾”，认同率分别为 26.4%、24.4%和 23.8%。2018 年，反映在城市上学面临一些问题的农民工家长占 50.8%，较 2017 年又有下降。进城农民工家长反映最多的两个问题是“本地升学（入园）难”和“费用高”，认同率分别是 26.7%和 27.2%，较 2017 年分别提高 2.3%和 0.8%。2019 年农民工监测调查报告显示，50.9%的农民工反映随迁子女在城市上学面临一些问题，基本与 2018 年持平。对于义务教育阶段随迁儿童，回答“本地升学难”和“费用高”的农民工所占比重较高，分别为 34.2%和 28.9%，分别比上年提高 7.5 和

1.7 个百分点；回答“随迁子女无法在本地参加高考”的农民工所占比重增加明显，比上年提高 4.3 个百分点至 14.3%。而且，城市规模越大，升学、费用和高考问题越突出，在 500 万以上人口的大城市这些问题更加显著。我们的调研也发现，那些子女随迁的家庭，其实是家庭条件相对较好，在城市务工中收入相对较高，家中老人在照看孙辈和经济上都能够给予较好的支持。

在无奈的“空间替代”背后，衍生出各种问题，较为突出的是两个“距离”问题，其一可形象地概括为“心理距离”，指留守儿童与父亲或母亲或父母双方长期分离带来的情感交流的缺失；其二是“就学距离”，指在中小学布局调整中，出现了就学距离增大的情况。

当父母外出务工时，子女留在老家抚养成长，便产生了留守儿童问题。① 基于对 2015 年全国 1%人口抽样调查及历次人口普查和调查数据中关于中国儿童人口的描述分析，国家统计局、联合国儿童基金会、联合国人口基金共同发布了《2015 年中国儿童人口状况——事实与数据》。该报告披露，有 1.03 亿儿童受到人口流动影响。其中，留守儿童有 6877 万，流动儿童 3426 万②。在留守儿童中，4051 万居住在农村，2826 万居住在城镇③。在流动儿童中，有

---

① 是指父母双方或一方流动，留在原籍不能与父母双方共同生活在一起的 0—17 岁儿童。其中，农村留守儿童是指留守儿童中户籍所在地为农村的儿童，城镇留守儿童是指留守儿童中户籍所在地为城镇的儿童。

② 是指流动人口中的 0—17 周岁儿童。流动人口是指居住地与户口登记地所在的乡镇街道不一致且离开户口登记地半年以上的人口中，扣除市辖区内人户分离者。

③ 一方面是越来越多的城镇人口参与流动，另一方面，在“就地城镇化”过程中，有些地区将原来的行政村、自然村“合村并居”，虽然该地区居民的户籍从农村变为城镇，但劳动人口大多仍在外务工，其子女从农村留守儿童转变为城镇留守儿童，但问题的实质并没有变化。

530万居住农村，有2896万居住在城镇。在每10名农村儿童中，约有3名是留守儿童。农村留守儿童表现出低龄化特点，学前和小学学龄的约占3/4。在每10名城镇儿童中，约有2名是流动儿童。据调查统计，全国超过1/3（35.3%）的儿童不能与父母双方共同居住，共计9560万。这其中，92%是受到人口流动的影响，农村留守儿童占42.37%。对流动儿童来讲，因为离乡失去了他们传统的支持体系以及社区支持，在就读城市学校、就医和社会保障等方面面临各种困难。比如，有的无法在公办学校就读，有些跨省流动儿童完成义务教育以后，在流入地接受高中教育和参加高考仍然面临困难，不得不返回户籍地。留守儿童父母的一方或双方外出打工，难以从家庭获得足够的关爱，包括获得妥善的监护照料、情感上的支持、学习上的帮助、足够的营养和卫生条件、应有的儿童伤害预防指导，不利于身心健康发展。情感沟通总是发生在互动的情境中，父母与子女长期生活的相处是情感沟通的情境。一旦脱离共同生活的情境，客观上会影响亲子沟通的内容、方式和效果。当父母外出务工时，电话、视频通话成为父母与留守儿童最重要的联系方式，但频率不高，通话时间不长，话题重复。最终导致留守儿童的情感需求无法得到满足，严重的甚至导致亲子关系缺失，进而形成不良性格。①秦敏和朱晓利用2013年CFPS调查数据对农村留守儿童的身心健康、认知水平、学习成绩和综合发展状况进行了研究，发现母亲外出的流动安排对农村留守儿童造成极不利影响，农村留守儿童与非留守儿童的差异主要在身心健康方面，无论是心理健康还是身体健康都

① 廖运生，宋淑娟，陈勃．农村留守儿童与父母情感沟通的研究［J］．前沿，2009（5）．

有统计上的显著意义，非留守儿童的身心健康状况明显好于留守儿童。①

在无奈的“空间替代”背后，还出现了一些新情况，其中重要的一个是农村中小学的布局调整，与之相伴的是就学距离的拉大，这对留守儿童家庭来讲变得更加困难。国务院 2001 年颁布了《关于基础教育改革与发展的决定》，其中提到，要因地制宜调整农村义务教育学校布局，明确由县级人民政府对本地农村义务教育负主要责任，抓好中小学的规划、布局调整、建设和管理。由于农村学龄儿童减少、部分流动儿童随父母随迁到流入地就学，以及部分农村儿童到乡镇甚至县城的中小学就读，农村的一些中小学学生规模偏小，进行了撤并等布局调整。国家审计署曾于 2012 年 5 月至 8 月对 2006 年以来义务教育阶段农村中小学布局调整情况进行了审计调查，并于 2013 年 5 月 3 日发布了审计结果公告。根据审计公告，布局调整取得了积极成效，提高了办学规模和效益，促进了师资队伍结构和素质的优化，提升了标准化水平和教学质量。但在布局调整中，部分地区也出现了片面地将办学规模和学校数量作为调整的主要依据，搞简单的“撤并”或“一刀切”，其中暴露出的一个问题是，部分地区就学距离明显增加，有的学生上学耗时偏长。在审计调查的 1185 个县中，自 2006 年至 2011 年，有 833 个县的学校平均服务半径有所增大，占 70%。其中，初中服务半径增幅达 26%，平均达 8.34 千米，小学的服务半径扩大了 43%，增幅较大，达 4.23 千米。特别是西部地区 270 个县，增幅更加明显，初中和小学服务半径的

① 秦敏，朱晓．父母外出对农村留守儿童的影响研究［J］．人口学刊，2019（3）．

增幅分别是47%和59%，平均达14.35千米和6.09千米。① 距离变远，耗时过长，对于留守儿童来说更加艰难，尤其是父母双双外出，监护人有的还要从事繁重的农业生产劳作和家务劳动。

由此可以看到，表面上看，随迁子女的入园入学问题已经得到较好的解决，但这背后是一些农民工迫于各种困难选择在流出地享受当地义务教育，这并不是其最合意的选择。而随着举家流动家庭占比增加，农民工对在流入地享受基本公共服务的要求愈加强烈，“空间替代”模式带来的摩擦也越大。

第二节 基本公共服务配置的群体不均衡与城乡不均衡交织

受基本公共服务供给的体制、财力等因素影响，基本公共服务在城乡之间还有很大的差距。例如，据有关部门统计，全国约1/3的行政村村内道路没有硬化，近1/3的村生活垃圾没有集中收集处理，超过80%的村生活污水未得到集中处理，使用无害化卫生厕所的农户比例不到一半，不少村庄还没有连上4G网络和宽带光纤，农民看病、子女入托入学还有不少难处，因病致贫现象仍大量存在。② 在本节，我们以农民工享受基本医疗保障为例，剖析目前医疗保障公共服务均等化进程中取得的进展及仍然存在的问题。研究发现，

① 参见中华人民共和国审计署办公厅于2013年5月3日发布的审计结果公告（2013年第2号，总第144号）《1185个县农村中小学布局调整情况专项审计调查结果》。

② 韩长赋．坚持农业农村优先发展 大力实施乡村振兴战略［J］．求是，2019（7）．

基本公共服务配置中，群体的不均衡现象与城乡不均衡现象交织在一起，使问题变得更加复杂。

一、我国基本医疗保障制度的演进历程与进步

中华人民共和国成立以来，我国的基本医疗保障制度一直在不断发展和完善。改革开放以来，我国基本医疗保险制度的演进实质上是一个不断走向更高层次公平正义的过程。

基本医疗保险制度改革在筹资主体上突出强调了政府责任。城乡居民基本医保人均财政补贴标准，由 2012 年的 240 元提高到了 2018 年的每人每年不低于 490 元。2013 年的调查发现，三种医疗保险的报销比均有提高，特别是新型农村合作医疗（简称“新农合”），五年来报销比提高了近一倍，参保人员由于经济原因导致不能充分利用医疗服务的情况明显减少。① 2018 年 9 月，国家卫健委启动开展了第六次全国卫生服务调查，该次调查覆盖全国 31 个省（自治区、直辖市）的 156 个县（市、区），共 94076 户居民。2021 年初，《全国第六次卫生服务统计调查报告》发布。报告显示，城乡卫生服务可及性进一步提高。城乡因经济困难需住院而未住院比例从 1998 年的 18.3%和 24.5%下降到 2018 年的 9.0%和 10.2%，分别下降了 9.3%和 14.3%。

在保障对象上明确了基本医疗保险全覆盖目标，基本医疗保险的覆盖率稳步提高。2003 年我国进行了第三次国家卫生服务调查，基本医疗保险覆盖的人数占全部被调查人口总数的 55.2%。2013 年

---

① 国家卫生计生委统计信息中心 . 2013 第五次国家卫生服务调查分析报告［M］. 北京：中国协和医科大学出版社，2015：141.

进行了第五次国家卫生服务调查，调查显示，将不同基本医疗保险包含在内①，我国基本医疗保险的参保率已经占全部被调查人口总数的95.1%，这比2008年的87.1%提高了8%，比2003年提高了39.9%。② 其中，城市和农村的参保率分别为92.8%和97.3%，农村高于城市。2018年12月，国家卫健委体改司表示，“截至目前，全国基本医疗保险参保人数超过13亿，参保率稳固在95%以上”。《全国第六次卫生服务统计调查报告》显示，调查地区基本医疗保险覆盖率达到96.8%，比2013年提高1.7个百分点，城市和农村居民基本医保参保率分别为96.1%和97.6%。贫困人口的社会医疗保险覆盖率逐年上升，已经超过了全人口的社会医疗保险覆盖率，达到97.8%。自2003年之后，随着医保覆盖面的逐渐扩大和社会医疗保障水平的逐步提高，住院费用报销水平逐年提升，到2018年已达到55.4%。据统计，到2018年，医疗救助惠及包括低保人员、特困人员、农村建档立卡的贫困人口在内的困难群众1.2亿人次，全国各级财政支出达到399.7亿元，其中资助城乡困难群体参保6692万人，即是说，每个困难群众参加基本医疗保险基本上靠政府资助，使其能够享受基本医疗保障。这一政策实施使得救助对象参保缴费的压力和政策范围内个人费用负担明显减轻。③

另外，在保障原则上明确了通过缩小不同类型基本医疗保险的

① 基本医疗保险包括城镇职工医疗保险、城镇居民基本医疗保险、新型农村合作医疗（简称“新农合”）。有的地方已经把城镇居民基本医疗保险和新型农村合作医疗合并为城乡居民基本医疗保险。

② 国家卫生计生委统计信息中心.2013第五次国家卫生服务调查分析报告［M］.北京：中国协和医科大学出版社，2015：210.

③ 国家医疗保障局副局长陈金甫在国务院新闻办公室于2019年4月16日举行的国务院政策例行吹风会上提供的数据。

报销比例来落实共享理念。

二、城乡基本医疗保障制度的整合：形式公平与实质公平

目前，城乡居民基本医疗保险制度基本整合。2016 年 1 月，国务院发布《关于整合城乡居民基本医疗保险制度的意见》，就整合城镇居民基本医疗保险和新型农村合作医疗两项制度，建立统一的城乡居民基本医疗保险制度提出明确要求，并对整合政策提出了“六统一”，即统一覆盖范围、统一筹资政策、统一保障待遇、统一医保目录、统一定点管理和统一基金管理，覆盖全体城乡居民，城乡共享统一的缴费标准、待遇水平、就医范围等。国家医保局、财政部、人力资源社会保障部和国家卫生健康委于 2018 年 7 月 6 日发布《关于做好 2018 年城乡居民基本医疗保险工作的通知》。该通知要求，2019 年全国范围内统一的城乡居民医保制度全面启动实施。伴随着城乡居民医保制度的整合，参保人数持续增加，医疗保险目录扩大，报销比例提高，统筹层次提高使参保农民选择医院范围更宽。因此，基本医疗保障制度实现了形式公平，并由形式公平向实质公平迈进。

但从另一个方面讲，还没有实现实质公平。例如，城乡统一的基本医疗保险制度还没有完全形成，不同基本医疗保险的报销比例还存在一定差距。① 目前的社会福利制度安排着重强调“皆有”，但当下的社会福利体系仍然是按照地区、城乡、职业人群来分类设计，社会福利的制度模式上大同小异，但在服务质量、管理机构以及待

① 曹静．社会公平正义视角下的我国基本医疗保险制度改革历程分析［J］．社会保障研究，2019（1）．

遇水平上却存在明显差异。[①] 这些差异也体现在目前的基本医疗保险制度设计中。不同类型基本医疗保险之间的差别不仅体现在筹资方式、筹资水平上，更体现在报销比例和疾病保障的类型上。具体来看，城镇职工、城镇居民和新农合等三种基本医疗保险在报销比例标准、药品以及诊疗项目等类别上都有一定的差别。在城乡居民基本医疗保险整合的过程中还存在公平性不足的问题，主要表现在分档缴费和待遇未体现真正公平。目前，不少地区城乡医疗保险设计多个档次，如采取"一制两档"或"一制三档"的缴费方式，缴费标准与待遇标准挂钩。这种"分档筹资，待遇与缴费挂钩"的制度设计实质上是低缴费匹配低待遇，高缴费匹配高待遇，还没有达到医疗保险待遇的统一，没有实现平等受益。[②] 从这个角度看，我国的基本医疗保险体系实际上是一种"多元分割运行的体制"。[③] 显然，它不能适应城乡之间大规模人口流动的现状，因此无法有效满足流动人口的基本医疗保险需求，从而影响了流动人口包括农民工的医疗卫生服务利用率。

三、差别化基本保障制度下农民工享受基本医疗保障面临的问题

尽管我国医保参保率保持在 95%以上，但实际上非正规就业人员参保率较低。2017 年，全国 30320 万人参加了城镇职工医保，当

---

① 贡森，葛延风，王雄军．建立公平可持续的社会福利体系研究［M］．北京：社会科学文献出版社，2015：1.

② 仇雨临，张鹏飞．从"全民医保"到"公平医保"：中国城乡居民医保制度整合的现状评估与路径分析［J］．河北大学学报（哲学社会科学版），2019（2）.

③ 曹静．社会公平正义视角下的我国基本医疗保险制度改革历程分析［J］．社会保障研究，2019（1）.

年城镇就业人口 42462 万，参保人口占就业人口的比例为 71.4%。未参保者主要是非正规就业的临时工、个体工商户、灵活就业者和农民工，主要是农民工。① 调研中发现，农民工有的在户籍所在地参加了新农合（或整合后的城乡居民基本医疗保险），有的在务工单位参加了城镇职工医疗保险，有的无论是在务工单位还是在户籍所在地都没有参保，有的存在重复参保情况。

我们组织调查时，首先询问了被调查者“在您的老家，新农合和城镇居民基本医疗保险有没有合并在一起，变成城乡居民基本医疗保险”，695 个样本中，有 298 位回答“合并了”，占 42.88%，有 151 位回答“还没有”，占 21.73%，有高达 246 位回答“不清楚”，占 35.39%。进一步追问在农村老家和在目前工作单位医疗保险的缴纳情况，关于在农村老家是否参加医保，经统计，有 695 个样本中，有 492 位参加了，占 70.79%，在 99 位没参加，占 14.25%，有 104 位不清楚，占 14.96%。关于在目前工作单位是否参加医保，有 331 位单位交了医保，占 47.63%，接近一半，有 252 位单位没有交，占 36.26%，有 112 位“不清楚”，占 16.11%。

进一步了解农民工群体在流出地和流入地医保缴纳的综合情况，汇总如表 5.2。

表 5.2　农民工在流入地和流出地医保缴纳情况

单位医保 / 流出地医保	交了	没有交	不清楚	合计
参加了	234	194	64	492

① 仇雨临．实现更加平衡充分的全民医保 满足人民美好活的需要［N］．中国劳动保障报，2018-7-3（3）．

续表

单位医保 / 流出地医保	交了	没有交	不清楚	合计
没参加	68	29	2	99
不清楚	29	29	46	104
合计	331	252	112	695

资料来源：根据我们的调查问卷整理分析。

由表5.2可以发现：（1）重复缴纳的情况较多，共234位，占33.67%；（2）在农村老家和务工地都没有参加医保的很少，只有29位，占4.17%；（3）较多农民工选择在农村老家参加医保，有492位，占70.79%。我们调研访谈中也发现，有一些农民工对务工单位是否缴医保不太清楚，农村参加医保费用不高，就选择在农村老家参加医保；（4）有较多的人无论是对于是否在农村老家参加医保还是对于目前务工单位是否交医保，都不太清楚，分别有104位和112位。这也反映，许多农民工对于医保的功能并不是非常了解，医保的功能、使用方法的宣传亟待加强。

在上述医保状况下，农民工异地务工就医时存在两个突出的问题：

（一）各种参保状况下面临的共同问题：医疗费用高

根据2013年第五次国家卫生服务调查，在对住院患者满意度的调查中，总体（包括农村和城市）评价中“满意”的比例为67.2%，评价“一般”的占28.4%，“不满意”的占4.4%。农村的满意度略高于城市，二者分别为71.9%和62.3%，“不满意”评价的占比，农村和城市分别为3.3%和4.4%。进一步探究不满意的原因，无论是对所有被调查者，还是区分城市和农村，最不满意的方面从高到低依次是医疗费用高、技术水平低和服务态度差。就总体情况而言，上述三个原因依次占 40.2%、16.1% 和 14.8%，合计占 71.1%。在城市，上述三个原因依次占 42.3%、14.9%和 13.8%，合计为 71.0%；在农村，上述三个原因占比依次是 36.7%、18.2%和 16.4%，合计占 71.3%。对比发现，在城市，医疗费用高的占比更高，比农村高 5.6%。①

在表 5.3 中，我们整理了 2013 年第五次国家卫生服务调查中，参加三种基本医疗保险对门诊服务和住院服务不满意的原因。此表中我们只列了排在前三位的原因。对比发现，除参加城镇居民基本医疗保险者对门诊服务不满意的第三位原因是等候时间长以外，其他参加各类基本医疗保险，无论是对门诊服务还是住院服务，前三位的原因全部为医疗费用高、水平低和态度差。并且，其一，基本上都是医疗费用高是第一位原因，水平低是第二位原因，态度差是第三位原因。其二，医疗费用高高居第一，并且其所占比率明显比第二、第三位原因高很多，至少在 33%以上，平均为 39.05%。其三，相对比而言，参加城镇职工医疗保险和城镇居民基本医疗保险人群，其对住院服务不满意的原因中，“医疗费用高”占比明显高于参加新型农村合作医疗人群对住院服务的评价中“医疗费用高”的占比。前二者分别是 42.9%和 43.0%，后者是 35.4%。这背后的原因是，城镇住院费用负担沉重，对参保人员来讲有较大压力。

---

① 国家卫生计生委统计信息中心．2013 第五次国家卫生服务调查分析报告［M］．北京：中国协和医科大学出版社，2015：59.

表 5.3 2013 年参加不同医疗保险“不满意”的原因

参保种类	城镇职工基本医疗保险				城镇居民基本医疗保险				新型农村合作医疗保险			
服务类别	门诊服务不满意		住院服务不满意		门诊服务不满意		住院服务不满意		门诊服务不满意		住院服务不满意	
第一位原因	医疗费用高	37.3%	医疗费用高	42.9%	医疗费用高	33.8%	医疗费用高	43.0%	医疗费用高	41.1%	医疗费用高	35.4%
第二位原因	水平低	19.7%	水平低	14.4%	态度差	20.0%	态度差	19.8%	水平低	17.8%	水平低	16.7%
第三位原因	态度差	14.1%	态度差	11.5%	等候时间长	12.3%	水平低	17.4%	态度差	12.9%	态度差	15.5%

数据来源：根据国家卫生计生委统计信息中心编著的《2013 第五次国家卫生服务调查分析报告》（中国协和医科大学出版社 2015 年版）整理分析。

2018 年第六次国家卫生服务调查显示，城乡居民对门诊服务的总体满意度为 80.0%（总体评价为“满意”），比 2013 年提高了 3.5 个百分点，患者就医体验好转。与此相对应，门诊患者就诊的总体满意度评价为“一般”的，从 2013 年的 21.6%降为 18.2%，降低了 3.4 个百分点；评价为“不满意”的，从 2013 年的 1.9%降为 1.8%，降低了 0.1 个百分点。对住院服务的总体满意率为 75.0%（总体评价为“满意”），比 2013 年提高了 7.8 个百分点。相应地，住院患者住院总体评价为“一般”的相比 2013 年从 28.4%降为 21.9%，降低了 6.5 个百分点；总体评价为“不满意”的比例从 2013 年的 4.4%降为 3.1%，降低了 1.3 个百分点。

在就诊患者和住院患者总体满意度提升的同时，仍有 20.0%的门诊就诊患者对就诊的总体满意度为“一般”和“不满意”，仍有25.0%的住院患者对住院的总体满意度为“一般”和“不满意”。进一步考察患者对门诊和住院总体情况不满意的原因构成，我们整理成表5.4。

表5.4　门诊和住院患者对就诊总体情况不满意的原因构成（%）

最不满意的方面	合计		城市		农村	
	门诊	住院	门诊	住院	门诊	住院
医疗费用高	39.5	33.2	42.9	36.4	34.2	28.0
技术水平低	24.6	28.5	22.3	26.9	28.1	31.1
服务态度差	12.6	18.3	13.1	16.7	11.9	20.8
提供不必要服务	3.9	4.4	4.6	5.5	2.9	2.6
环境条件差	3.6	3.4	3.2	3.2	4.2	3.7
药品种类少	2.2	1.6	2.7	1.2	1.3	2.3
等候时间长	1.9	1.6	1.3	1.0	2.9	2.6
设备环境差	1.5	1.2	1.5	1.2	1.6	1.2
手续烦琐	0.8	1.1	0.2	1.5	1.6	0.5
其他	9.4	6.7	8.2	6.4	11.3	7.2

数据来源：国家卫生健康委统计信息中心．全国第六次卫生服务统计调查报告［M］．北京：人民卫生出版社，2021.

从表5.4可知，无论是合计的情况还是分城市和农村，门诊患者和住院患者最不满意的首位原因均是“医疗费用高”，并且，无论是门诊还是住院，“医疗费用高”作为最不满意的原因在城市中被选择的比例都比农村高。“技术水平低”是第二位不满意的原因，并且，无论是门诊还是住院，在农村选择“技术水平低”的比例都高于城市。

农民工许多是到大城市、特大城市、超大城市务工，无论其参加的是哪一种基本医疗保险，由于其工资水平相对于城市户籍居民通常是低的，更加不易承受在务工城市就医的费用。即便是无须住院只需到门诊接受诊治，农民工也会与在农村老家村诊所、卫生室诊治费用进行比较，觉得收费太高。这与我们的调研和访谈相印证，不少进城农民工采取了“小病抗，大病回家”的策略，主要是出于在城市看病费用高，但回到户籍地就诊，相对于城市又面临更严重的“技术水平低”问题。

（二）医疗参保的四种情况与对应的问题

过去，参保人员异地就医需要自己先垫资，再回参保地报销。异地就医的报销周期长，垫付压力大，个人负担重，往返奔波劳累。从 2014 年起，国家开始启动基本医疗保险费用跨省联网直接结算政策制度的探索和相关平台建设，着力解决群众就医报销跑腿的问题。在异地就医结算平台启动之初，可以享受跨省异地就医直接结算人员范围只有 4 类，分别是异地安置退休人员、异地长期居住人员、驻外工作人员和符合转诊规定人员。人力资源和社会保障部曾于 2017 年 9 月 26 日就跨省异地就医直接结算政策作解读，指出截至 2017 年 9 月底，国家异地就医结算系统联通各地，全国开通的跨省异地就医住院医疗费用直接结算定点医疗机构，基本覆盖了各地承担跨省异地就医任务比较重的医疗机构，全国 88%的三级定点医院已经连接入网。2018 年政府工作报告把外出农民工、外来就业创业人员等全部纳入异地就医结算的范围。根据前述调查统计，农民工参加医保共有四种情况：

第一种情况：只参加户籍地“新农合”（或整合后的城乡居民

基本医疗保险）

这种模式的好处是，如果生大病，需要住院治疗，在流出地当地医院就医费用相对低，间接成本（主要是家人陪护相关的住宿、餐饮、交通等成本）低。但存在如下问题：

（1）在流入地门诊费用不能用医保。目前还只是住院异地就医纳入跨省异地就医直接结算系统。在大城市，相对于农民工的收入水平，即便是门诊服务也并不便宜，无法用医保的情况下，费用高昂。

（2）流入地异地就医的手续问题。需要在务工地（异地）住院就医时，程序是，先在参保地经办机构备案，然后选定点医院（指选择跨省定点医疗机构就医），最后是持卡就医（指带上全国统一标准的社会保障卡就医）。这其中首先面临的问题是备案。人力资源社会保障部办公厅和财政部办公厅于2017年12月29日发布了《关于规范跨省异地就医住院费用直接结算有关事项的通知》，该通知规定，要切实简化备案手续，优化备案流程。其中指出，“各地要做好跨省异地就医直接结算备案管理有关工作，切实精简备案手续，优化备案流程，扩充备案渠道，积极创造条件，为参保人员提供窗口、网站、电话传真、手机App等多种服务渠道，方便群众备案”。在实践中，虽然一些地方开展了网络备案、电话备案等服务，但多数地方仍需参保人到当地经办机构现场办理。农民工从务工地专程返回户籍地办理相关手续，成本高，不方便。① 以天津为例，《关于做好外出务工和外来就业创业人员异地就医联网结算工作有关问题的通知》（津人社办发〔2018〕227号）规定：“本市户籍的16至60周

① 黄华波．直面农民工异地就医新问题［J］．中国社会保障，2018（1）．

岁外出务工的参加本市基本医疗保险人员，需异地就医的，可持社会保障卡和异地劳动合同原件，到参保地所属区社保分中心或乡镇（街道）劳动保障服务中心办理备案登记。”还规定：“外出务工和外来就业创业人员办理异地就医登记备案后，参照《市人力社保局关于规范异地就医住院费用直接结算有关事项的通知》（津人社办发〔2018〕77号）、《市人力社保局关于进一步简化基本医疗保险经办服务管理手续有关问题的通知》（津人社办发〔2018〕170号）进行异地就医及医疗费用结算。”郭元鹏指出，虽然有的地方也迈开了“异地就医直接结算”的步子，可是却设置了繁杂的审批环节。有的地方，需要村里、镇里、县里多个部门层层审批。①

（3）医院选择问题。考虑到经济负担和往来方便，农民工多希望在务工地就近就医。许多农民工对相关政策和程序也不了解，不少以为在老家参加的新农合不能异地（住院）就医，以为异地（住院）就医只能自费。

国务院办公厅于2018年8月14日印发《全国深化“放管服”改革转变政府职能电视电话会议重点任务分工方案的通知》，提出2018年年底前确保每个县区至少有1家跨省定点医疗机构，实现县级行政区全覆盖，加快实现外出农民工、外来就业创业人员跨省异地就医直接结算全覆盖。但目前在农民工流入较多的省份，县级定点医疗机构数量还较少。

第二种情况：只参加务工地的城镇职工基本医疗保险

这种模式下，如果在务工地就医，无论是门诊就医还是住院就

---

① 郭元鹏．农民工“异地就医直接结算”不能再等了［J］．农村工作通讯，2018（19）．

医，可以直接就医。相对于只参加户籍地医保，较好地解决了在务工地的门诊服务中使用医保的问题。但也存在以下问题：

如果住院治疗，存在陪护成本高的问题。高新宇和王洪春通过对参加新农合农民异地就医非医疗费用支出的抽样调查发现，农民外出到县级及以上医院就医的非医疗费用普遍较高，非医疗费用总额与医院的地域层级有着显著的正相关性，农民患者一次异地就医所产生的平均非医疗费用支出超过低保家庭一个月的低保救助金。[①] 农民工在务工地住院就医也存在该问题。如果觉得费用太高，需要返回到户籍地又变成另一种“异地就医”，同样存在备案等手续问题。

第三种情况：同时参加户籍地的“新农合”（或城乡居民基本医疗保险）和务工地的城镇职工基本医疗保险

这种模式虽然在就医选择上最为灵活，可综合考虑病情需要、经济成本、经济状况、手续简繁等因素，灵活选择是在务工地还是回户籍地就医。但是，这种模式本身又存在重复参保问题，增加了农民工的负担。另外，参加城镇职工医疗保险，除涉及个人缴费，还涉及企业缴费，增加了企业的用工成本。

第四种情况：既没有参加农村的“新农合”（或城乡居民基本医疗保险），也没有在务工单位参加城镇职工基本医疗保险

这种情况下，显然无论是在流入地还是流出地都无法享受基本医疗保障，带来“覆盖盲区”问题，面临自费就医和随之而来的沉重负担。

---

① 高新宇，王洪春．“最后一公里”视角下农民异就医非医疗费用研究［J］．江苏大学学报（社会科学版），2018（5）．

第三节　基本公共服务配置的类别结构：满意度视角的分析

在本章引言中我们提到，学者们对各类基本公共服务间的结构问题关注得相对少一些。我们分析，原因主要是：第一，虽然从政府一般预算支出中可区分出各类公共服务的支出，但是，基本公共服务提供的数量和质量，如义务教育等，取决于在此类公共服务上多年支出的积累，是一个存量概念，跨时段的数据有时并不完整。第二，从公共服务支出到公共服务的“实物”之间，存在一个供给效率问题。通俗地讲，花同样的钱，公共品和公共服务的数量、质量、效果并不严格相同，甚至有不小的差异。第三，各类公共服务上的支出最终形成的“实物”之间无法直接进行比较。但是，在有限的财政预算约束下，如何在不同类别的公共服务之间进行最优配置，以有效应对“轻重缓急”，其实是一个重要的问题。

鉴于各类基本公共服务之间无法直接进行比较，通过调查问卷了解被调查者对各类公共服务的态度，是讨论各类基本公共服务类别结构的一个折中。首先，CGSS2015 调查了受访者对目前基本公共服务的各种评价，包括对基本公共服务的哪一个方面最应加强发展，后者反映了哪一类公共服务的配置相对匮乏。受访者在公共教育、劳动就业、社会保障、社会管理、医疗卫生、住房保障、公共文化与体育、城乡基础设施，以及低保、灾害、流浪乞讨、残疾、孤儿救助、基本养老、婚姻登记、殡葬等基本社会服务或其他之间进行选择。在 2168 位受调查农民工中①，除 62 位“无法回答”和 14 位选择“其他”外，在回答了的 2092 位农民工中，频次和频率分布见表 5.5。

表 5.5　被调查者关于最应加强发展的基本公共服务的看法

基本公共服务项目	频数	频率
劳动就业	392	18.74%
社会保障	344	16.44%
公共教育	313	14.96%
医疗卫生	306	14.63%
低保、灾害、流浪乞讨、残疾、孤儿救助、基本养老、婚姻登记、殡葬等基本社会服务	297	14.20%
住房保障	163	7.79%
社会管理	139	6.64%
城乡基础设施	111	5.31%
公共文化与体育	27	1.29%
合计	2092	100%

数据来源：根据 CGSS2015 整理计算。

从农民工的回答看，排在最前列的几项包括劳动就业、社会保障、公共教育、医疗卫生和基本社会服务，频率均超过 10%，依次为 18.74%、16.44%、14.96%、14.63%、14.20%，合计占到 78.97%。

在 CGSS2015 年的调查中，调查了受访者对多项基本公共服务的

① 农民工的身份界定参见本书第四章第一节。

满意程度，受访者在 1、2、3、4 和 5 中进行单项选择，分别表示：非常满意、满意、一般、不满意和非常不满意。我们可以通过满意度评价来间接分析公共服务提供的类别结构。频数和频率如表 5.6 所示。

表 5.6　农民工公共服务满意度的频次与频率分布

基本公共服务类别	有效样本量	非常满意		满意		一般		不满意		非常不满意	
		频次	频率（%）	频次	频率（%）	频次	频率（%）	频次	频率（%）	频次	频率（%）
为患者提供医疗服务	2145	124	5.78	933	43.5	660	30.77	373	17.39	55	2.56
为老人提供适当的生活保障	2146	121	5.64	965	44.97	687	32.01	346	16.12	27	1.26
提供优质的基础教育	2150	118	5.49	1126	52.37	589	27.4	280	13.02	37	1.72
捍卫国家安全	2116	275	13	1247	58.93	482	22.78	101	4.77	11	0.52
打击犯罪	2142	158	7.38	1108	51.73	636	29.69	213	9.94	27	1.26
公平执法	2134	91	4.26	763	35.75	762	35.71	439	20.57	79	3.7
政府部门秉公办事	2123	78	3.67	718	33.82	758	35.7	474	22.33	95	4.47
环境保护	2156	89	4.13	884	41	749	34.74	361	16.74	73	3.39
帮助穷人，维护社会公平	2149	110	5.12	774	36.02	728	33.88	462	21.5	75	3.49

数据来源：根据 CGSS2015 整理计算。

如果我们把“不满意”和“非常不满意”的频率加总，并进行排序，则各类基本公共服务从低到高如表 5.7 中的第 1 列所示。把回答为“满意”和“非常满意”的频率相加，按从高到低进行排序，各类基本公共服务的排序如表5.7中的第3列所示。从表5.7中可见，“不满意”和“非常不满意”的频率越高，基本上“满意”和“非常满意”的频率越低，反之则相反。

由表可见，居民觉得“不满意”和“非常不满意”频率较高的几项是政府部门秉公办事，帮助穷人维护社会公平，公平执法，等等。相对应地，居民“满意”和“非常满意”频率最高的几项依次是捍卫国家安全、打击犯罪，等等。

捍卫国家安全、打击犯罪、环境保护等公共服务，接近于纯公共品，具有消费上的非竞争性和非排他性。人们在享受政府提供的基本公共服务时，重点关注的是具有一定竞争性和排他性的基础教育、医疗、老年生活保障和救助穷人等几项公共服务。从调查情况看，农民工对基础教育“不满意”和“非常不满意”的达14.74%，而“满意”和“非常满意”的有57.86%。对老年生活保障“不满意”和“非常不满意”的达17.38%，“满意”和“非常满意”的占50.61%，对医疗服务方面“不满意”和“非常不满意”的达19.95%，“满意”和“非常满意”的有49.58%。对帮助穷人维护社会公平不“满意”和“非常不满意”的占24.99%，“满意”和“非常满意”的也不过41.14%。相比较而言，帮助穷人维护社会公平问题最突出，医疗服务次之，再次是养老保障，最后是基础教育。

表5.7　农民工对公共服务满意度评价的排序（单位：%）

公共服务具体类别	“不满意”和“非常不满意”	公务服务具体类别	“满意”和“非常满意”
捍卫国家安全	5.29	捍卫国家安全	71.93

续表

公共服务具体类别	“不满意”和“非常不满意”	公务服务具体类别	“满意”和“非常满意”
打击犯罪	11.2	打击犯罪	59.11
提供优质的基础教育	14.74	提供优质的基础教育	57.86
为老人提供适当的生活保障	17.38	为老人提供适当的生活保障	50.61
为患者提供医疗服务	19.95	为患者提供医疗服务	49.28
环境保护	20.13	环境保护	45.13
公平执法	24.27	帮助穷人，维护社会公平	41.14
帮助穷人，维护社会公平	24.99	公平执法	40.01
政府部门秉公办事	26.8	政府部门秉公办事	37.49

数据来源：根据表 5.6 结果的进一步分析整理。

第六章　基本公共服务的供求匹配与农民工公平感

前文曾指出，除了关注基本公共服务配置的城乡结构、群体结构，我们还关注基本公共服务配置的类别结构。那么，基本公共服务不同类别间的配置是否合理？这种配置结构是如何影响农民工公平感的？这是本章着重研究的问题。

单纯从供给的角度看，显然是基本公共服务供给的量越多越好。但是，政府的财力毕竟是有限的，公共资源是有限的，必然涉及公共资源在不同类别之间的配置问题，各类支出之间存在竞争关系。提供多少公共服务，如何配置，其实受到很多因素的影响，比如地方财力、经济发展阶段、政府偏好等。资源的投入能否转化为人民群众可从中受益的专业公共服务，并因此提升获得感，始终是公共服务供给改革的核心命题。① 但仅从供给量的角度很难去评判某一类支出到底是供给过度还是供给不足。因为从需求的角度看，各类群体有不同的群体属性和特征，需求必然存在群体间的差异。政府提供公共服务的根本目的，或者说评价的最重要指标，还是公共服

① 王阳亮. 公共服务供给的瓶颈与绩效特征［J］. 改革，2017（5）.

务的供给对需求者的满足程度，即供求之间的匹配度，或曰“耦合度”。如果匹配度低，则意味着，基本公共服务资源的配置仍存在帕累托改进的空间，基本公共服务供给的整体效率偏低，存在社会整体福利改进的空间。

实际上，考察我国公共服务的提供，同时存在“供给真空”与“供给过剩”并存的现象，出现一定程度的供需错位。邓志红和龚春明在考察我国农村公共服务体系时指出，存在着供不应求、供不合求、供给内容不均衡等结构性失衡现象。①

第一节　公共服务供求匹配度的测量

如何衡量需求匹配程度，学界进行了不同的探索。Shah 提出了“响应度”（responsiveness）标准，即是说，如果政府供给的公共品能有效满足居民的需求偏好，则公共部门的资源配置处于偏好匹配的均衡状态。② 但这仍是一种理论层面的分析。回溯以往文献，我们发现，测度公共服务的供求匹配度，主要有以下几种思路：

一、直接调查被访者对公共服务供给中存在问题的认知

如果被调查者认为存在问题，也就意味着在某些方面，供给与需求匹配得不好。比如，国家发展改革委体管所社会调查课题组在

① 邓志红，龚春明．农村公共服务结构的失衡与破解——基于服务型政府视角［J］. 开放导报，2014（2）.

② SHAH A. Fiscal Decentralization in Developing and Transition Economies：Progress，Problems and the Promise［R］. Policy Research Working Paper Series 3282，The World Bank，2004.

全国32个城市对3168位城镇常住居民进行了调查，其中关于义务教育存在的最大问题，包括“优质教育资源太少，分布不均衡”“教育方式落后，不能培养学生的创新思维”“教师队伍综合素质差”，由被调查者在其中进行选择。① 这种方式可以直接识别基本公共服务供给存在的具体问题，但是，由于问题是事先设计好的，必须要求问卷设计者把各种可能的问题进行全面的归纳和科学的分类。林万龙分析了中国农村公共服务供求的结构性失衡，其中就包括供需内容的不匹配。②

二、利用数理方法测算公共支出的供需匹配程度

龚锋和卢洪友着重研究财政分权程度对公共支出供需匹配的影响，他们测算了省级层面7类公共支出的供需匹配指数，利用了1999—2005年中国内地28个省（自治区、直辖市）的面板数据。③ 供需匹配指数的操作原理是，先根据效用最大化原则推导居民的公共服务需求函数，对其进行估计。模型估计以后，将公共支出的拟合值视为居民对该类公共服务的需求量，将公共支出的实际值视为公共服务的供给量，以拟合值和实际值之间的差距来衡量供给水平与需求偏好匹配程度的高低。在构建偏好匹配指数时，并不是简单地以二者的差值作为偏好匹配指数，而是考虑差值的绝对值是否足够大，以回归方程的均方根误差作为临界值，如果差值的绝对值小

① 国家发展改革委体管所社会调查课题组．精准把握群众需求 切实增加公共服务供给——全国32城市3165份居民问卷的分析［J］．中国经贸导刊，2017（22）．

② 林万龙．中国农村公共服务供求的结构性失衡：表现及成因［J］．管理世界，2007（9）．

③ 龚锋，卢洪友．公共支出结构、偏好匹配与财政分权［J］．管理世界，2009（1）．

于临界值，则判定为供需均衡，如果大于等于临界值，则是供需不均衡。具体又根据拟合值与实际值的大小来确定是供给不足还是供给过度，如果实际值大于拟合值，是供给过度，如果实际值小于拟合值，是供给不足。这一方法有相应的理论基础，但在具体操作中，模型的假定有些严苛，而且，在估计公共支出需求函数时，除了居民的收入和税收份额，还要考虑总人口数、人口结构、平均受教育程度、各省城镇人口比例、从业人口占总人口比重、国有企业职工占职工总人数比重、第二产业从业人员占从业人员总数的比例等因素对公共支出需求的影响，一方面是存在数据缺陷，另一方面，对于具体引入哪些变量，尚缺乏充分的研究基础。

三、以满意度等主观感知对供需匹配作出评价

一些研究利用对公共服务的满意度评价来间接度量公共服务的供需匹配度。满意度评价通常用李克特五级量表法，利用这种方法获得的调查结果被广泛地应用于相关问题的研究。刘武和杨雪在国内较早地讨论了政府公共服务的顾客满意度测量方法，提出适当采取公共服务满意度自下而上的评估测量方式，以推动政府公共服务全面质量管理的顾客导向。① 朱玉春、乔文和王芳基于陕西省 32 个乡（镇）农民对农村公共品评价的调查数据，建立 Logit 回归模型对农民满意度进行实证分析，发现农民对农村道路、教育、医疗卫生等各类基本公共服务的满意度有优先次序性。② 供需不匹配的问题

① 刘武，杨雪．论政府公共服务的顾客满意度测量［J］．东北大学学报（社会科学版），2006（2）．

② 朱玉春，乔文，王芳．农民对农村公共品供给满意度实证分析——基于陕西省 32 个乡镇的调查数据［J］．农业经济问题，2010（1）．

并不是新近才出现的，周青、郑恒峰和黄兴生于2008年撰文就指出，针对福建省几个县市的调查发现，农村基本公共服务供给同时存在供给严重不足、总体质量不高和供给“过剩”的现象。他们分析认为，由于农民缺乏自下而上的需求表达机制，使得公共产品的供给往往取决于地方各政府部门或村委会决策者的“政绩”和“利益”的需要。农民无法在公共产品的供给决策中体现自己的意志、行使自己的权利，对公共资源的筹集和使用也缺乏有效的监督。① 张日向较早地专门调查并研究了外来务工人员对公共服务的需求和供给状况。他对慈溪市主要城区所在地浒山街道进行了调查，分析发现，地方政府对外来务工人员提供的公共服务严重不足。② 吴孔凡认为，当前我国农民的公共需求具有广泛性和多样性，具有地域性（地区差异）和层次性，具有满足程度的非均衡性。现实中，相对于农民公共服务需求，当前农村公共服务供给体制存在明显缺陷，比如供需不相适应，供给普遍短缺与部分过剩、普遍落后与部分超前的现象并存，供给结构失调的问题比较突出，这主要是由于还存在“自上而下”“恩赐”的形式取代农民的需求偏好。③ 张立荣、李军超和樊慧玲对我国农村公共服务需求偏好进行了研究，通过对东部、中部、西部和东北6省（区）的问卷调查，他们发现，首先，我国农村养老、子女教育和医疗保障服务的需求愿望较为强烈，且生活类公共服务需求愿望强于生产类公共服务需求。其次，随着收

① 周青，郑恒峰，黄兴生．取消农业税后强化农村公共服务供给的对策思考［J］．福建论坛（人文社会科学版），2008（4）．

② 张日向．外来务工人员对公共服务需求和供给状况的分析研究——以浙江省慈溪市为样本［J］．浙江社会科学，2007（6）．

③ 吴孔凡．新时期农民公共需求的特点与农村公共服务供给的取向［J］．经济研究参考，2008（69）．

入增加，保障型公共服务需求递减，发展型公共服务需求递增。最后，在农村公共服务满意度方面，高收入群体对公共服务的满意度总体上高于低收入群体。①

由被调查者对公共服务供需匹配进行主观评价，这本质上是一种感知绩效模式。② 范柏乃和金洁指出，相比内部测量，以公众为评估主体开展公共服务感知绩效的评价更能体现公共价值，更具主观性、整体性。③ 因此，接下来的实证部分，我们利用这种满意度评级来度量基本公共服务的供需匹配度。

第二节 基本公共服务各类别的供需匹配与农民工社会公平感

一、基本公共服务类别结构与供需匹配差异

基本公共服务均等化是一个目标，既然是“均等化”，就说明这是一个循序渐进的过程，不可能一蹴而就。过往在研究基本公共服务均等化时，无论是基本公共服务的城乡配置、区域配置，还是农民工群体与城市户籍居民间的配置，都着重分析基本公共服务提供的差距，对应的便是城乡差距、区域差距，以及农民工与城市户籍

① 张立荣，李军超，樊慧玲．基于收入差别的农村公共服务需求偏好与满意度研究［J］．中国行政管理，2011（10）．

② 倪星，李佳源．政府绩效的公众主观评价模式：有效，抑或无效？——关于公众主观评价效度争议的述评［J］．中国人民大学学报，2010（4）．

③ 范柏乃，金洁．公共服务供给对公共服务感知绩效的影响机理——政府形象的中介作用与公众参与的调节效应［J］．管理世界，2016（10）．

居民在享受基本公共服务上的差距。考察以上种种差距，确有其学术上的理论价值和应用价值，但这种分析范式也有缺陷。上述分析均以基本公共服务的“均等”为理想目标，但比较缺乏现实的关照。以农民工基本公共服务享受为例，似乎只有当农民工与城市户籍居民享有完全无差异的基本公共服务时，才是真正实现了“基本公共服务均等化”。我们认为，现实中必须考虑以下几点：

第一，中国改革的典型特征是渐进式改革。城市许多基本公共服务的享受都与户籍捆绑在一起。无论如何，户籍客观上在调控经济（如作为购房的资格标准）、平衡城乡区域发展、维持经济社会稳定等方面发挥着重要作用。这就决定了，户籍的改革也必然是渐进式的，而不可能理想化地骤然全部放开所有规模等级城市的落户限制，尤其是大城市和特大城市。

第二，在户籍改革必然是渐进式改革的前提下，城市基本公共服务的提供和分配也就必然与现行的财政收支制度密切相关。每个区域、每个城市的财力各有差异，必然涉及基本公共服务在不同群体、不同类别的基本公共服务之间进行配置的问题。

第三，在以上两点约束之下，考察农民工基本公共服务的分配，就必须考虑到农民工对各类基本公共服务需求的强度问题。基本公共服务的配置，归根到底，必须以居民的需求为准则，而不同群体的需求具有异质性。孟兆敏利用上海市部分区县的调查数据研究发现，户籍人口与外来人口对公共服务的需求存在显著差异。① 马斯洛早就指出，人的需求是分层次的。对于农民工，同样也不例外。

---

① 孟兆敏．快速城市化背景下城市公共服务需求偏好研究——以上海为例［J］．南方人口，2014（5）．

那么，一方面，就有必要深入研究农民工群体对各类基本公共服务的需求强度；另一方面，农民工群体十分庞大，内部有各种分化，依据不同的标准进行细分，研究不同群体在需求内容、需求强度上的差异，对于政策制定也有十分重要的参考意义。过往的研究中，杜巍、杨婷和靳小怡研究了农民工公共服务需求层次的代际差异。①他们利用2013年在深圳市P区的调查数据，将农民工群体分为三代，将其公共服务需求层次划分为初级阶段的个人生活需求、中级阶段的家庭生活需求，以及高级阶段的自我发展需求。个人生活需求包括提高工资水平和改善社会保险两方面内容，家庭生活需求包括提供保障住房或廉租房、改善子女教育条件、改善医疗条件三方面内容，自我发展需求包括改善工作或生活环境、加强权益保障和提高职业技能等三方面内容。研究发现，农民工整体上处于初级公共服务需求层次，但各代有差异，并且需求层次的影响因素也各不相同。具体而言，第三代农民工的最高公共服务需求层次高于第一、二代，第一代农民工的公共服务需求层次主要受社会经济地位影响，第三代的需求层次主要受到与“留城意愿”相关的社会因素的影响，第二代的需求层次则同时受到两方面因素的影响。

居民对各类基本公共服务的满意度评价到底如何影响其社会公平感？程度几何？这需要结合理论进行实证分析。

二、实证结果与解释

本章利用CGSS2015进行实证分析。我们首先以全体受访者为样

① 杜巍，杨婷，靳小怡．中国城镇化背景下农民工公共服务需求层次的代次差异研究［J］．西安交通大学学报（社会科学版），2016（3）．

本进行分析。核心的解释变量是上述九类基本公共服务的满意度评价。表 5.6 中的九类基本公共服务的变量名表示如表 6.1 所示。

表 6.1 变量名称设定

基本公共服务类别	变量名
为患者提供医疗服务	satis_med
为老人提供适当的生活保障	satis_old
提供优质的基础教育	satis_education
捍卫国家安全	satis_safe
打击犯罪	satis_crimal
公平执法	satis_fairwork
政府部门秉公办事	satis_fairjob
环境保护	satis_environment
帮助穷人，维护社会公平	satis_helppoor

为严谨起见，根据以往关于公平感、幸福感的研究文献，尝试加入个体特征变量，这些个体特征变量主要包括年龄、年龄的平方项、受教育程度、健康状况和婚姻状况。个体特征变量的设定参见本书第四章第三节。

根据身份甄别和变量选择，结合调查数据，变量的描述性统计如表 6.2 所示。

表 6.2 被解释变量和解释变量的描述性统计

变量	群体类别	样本量	均值	标准差	最小值	最大值
society_fair	农民	4337	3. 30	0. 10	1	5
	市民	3694	3. 17	0. 98	1	5
	农民工	2026	3. 08	1. 02	1	5

续表

变量	群体类别	样本量	均值	标准差	最小值	最大值
satis_med	农民	4337	2.47	0.87	1	5
	市民	3694	2.78	0.91	1	5
	农民工	2026	2.67	0.91	1	5
satis_old	农民	4337	2.43	0.87	1	5
	市民	3694	2.65	0.87	1	5
	农民工	2026	2.61	0.86	1	5
satis_education	农民	4337	2.35	0.81	1	5
	市民	3694	2.54	0.84	1	5
	农民工	2026	2.52	0.84	1	5
satis_safe	农民	4337	2.12	0.72	1	5
	市民	3694	2.18	0.77	1	5
	农民工	2026	2.21	0.74	1	5
satis_crimal	农民	4337	2.31	0.79	1	5
	市民	3694	2.45	0.81	1	5
	农民工	2026	2.45	0.82	1	5
satis_fairwork	农民	4337	2.53	0.87	1	5
	市民	3694	2.78	0.88	1	5
	农民工	2026	2.82	0.93	1	5
satis_fairjob	农民	4337	2.65	0.93	1	5
	市民	3694	2.86	0.88	1	5
	农民工	2026	2.89	0.94	1	5
satis_environment	农民	4337	2.52	0.85	1	5
	市民	3694	2.86	0.95	1	5
	农民工	2026	2.73	0.90	1	5

续表

变量	群体类别	样本量	均值	标准差	最小值	最大值
satis_helpoor	农民	4337	2.61	0.93	1	5
	市民	3694	2.79	0.89	1	5
	农民工	2026	2.81	0.94	1	5
age	农民	4337	54.24	16.42	18	94
	市民	3694	50.73	17.57	18	95
	农民工	2026	40.25	12.17	18	83
age_square	农民	4337	32.11	17.32	3.24	88.36
	市民	3694	28.82	18.26	3.24	90.25
	农民工	2026	17.68	10.44	3.24	68.89
education	农民	4337	3.32	2.09	1	13
	市民	3694	6.64	3.37	1	13
	农民工	2026	5.22	2.78	1	13
health	农民	4337	3.38	1.13	1	5
	市民	3694	3.71	1.00	1	5
	农民工	2026	4.00	0.91	1	5
dum_marr	农民	4337	0.80	0.40	0	1
	市民	3694	0.74	0.44	0	1
	农民工	2026	0.82	0.38	0	1

根据 CGSS2015 的调查，我们分别考察了农民工、市民和农民社会公平感的决定。与前述分析类似，我们首先将各类基本公共服务的满意度评价变量引入，后续又引入一系列个体特征变量。模型回归的结果如表 6.3 所示。

表 6.3　农民工、农民和市民群体社会公平感决定的计量结果与对比

解释变量	被解释变量：社会公平感					
	模型 1（农民）	模型 2（农民）	模型 3（市民）	模型 4（市民）	模型 5（农民工）	模型 6（农民工）
satis_med	-0.0111 (0.0254)	-0.0210 (0.0255)	-0.0485* (0.0278)	-0.0469* (0.0279)	0.0563 (0.0359)	0.0640* (0.0360)
satis_old	-0.0464* (0.0259)	-0.0450* (0.0261)	-0.0481* (0.0289)	-0.0434 (0.0291)	-0.0707* (0.0379)	-0.0774** (0.0381)
satis_education	-0.0219 (0.0260)	-0.0215 (0.0261)	-0.0870*** (0.0281)	-0.0951*** (0.0282)	-0.0691* (0.0355)	-0.0604* (0.0356)
satis_safe	0.0256 (0.0289)	0.0429 (0.0291)	-0.0242 (0.0286)	-0.0208 (0.0287)	-0.0192 (0.0392)	-0.00947 (0.0394)
satis_crimal	0.0312 (0.0269)	0.0301 (0.0271)	0.0526* (0.0301)	0.0477 (0.0302)	0.0123 (0.0394)	0.00600 (0.0396)
satis_fairwork	-0.0956*** (0.0282)	-0.0864*** (0.0284)	-0.150*** (0.0316)	-0.139*** (0.0318)	-0.0489 (0.0389)	-0.0424 (0.0391)
satis_fairjob	-0.170*** (0.0262)	-0.167*** (0.0264)	-0.184*** (0.0311)	-0.184*** (0.0313)	-0.166*** (0.0383)	-0.174*** (0.0385)
satis_environment	0.0297 (0.0245)	0.0331 (0.0247)	0.0238 (0.0252)	0.0199 (0.0254)	0.00261 (0.0338)	0.00504 (0.0341)
satis_helppoor	-0.121*** (0.0256)	-0.123*** (0.0258)	-0.0503* (0.0298)	-0.0407 (0.0300)	-0.141*** (0.0372)	-0.144*** (0.0374)
age		-0.000550 (0.00635)		-0.0242*** (0.00655)		-0.0243* (0.0133)
age_square		0.0133** (0.00592)		0.0301*** (0.00614)		0.0401*** (0.0151)
education		0.0250*** (0.00953)		0.0193*** (0.00638)		0.0310*** (0.00967)
health		0.0944*** (0.0158)		0.0701*** (0.0198)		0.0717*** (0.0277)

续表

解释变量	被解释变量：社会公平感					
	模型 1（农民）	模型 2（农民）	模型 3（市民）	模型 4（市民）	模型 5（农民工）	模型 6（农民工）
dum_marr		−0. 0499 (0. 0460)		0. 0885* (0. 0465)		0. 0114 (0. 0741)
样本量	4350	4337	3706	3694	2030	2026
伪 R^2	0. 0319	0. 0459	0. 0437	0. 0506	0. 0344	0. 0407
极大似然值	−5395. 19	−5292. 44	−4519. 83	−4468. 09	−2586. 15	−2563. 83

回归系数为负，表示对各类基本公共服务的满意度越高，社会公平感越强，反之，如果符号为正，表示满意度越高，社会公平感越弱。总体上看，模型结果表现稳健。我们重点关注各群体回归模型的差异。

对市民和农民工群体，对公共教育的满意度越高，公平感越强，系数分别在 1%和 10%的显著性水平上显著，但对农民群体而言，系数为负，但并不显著。对于公平执法而言，无论是对于农民还是市民，满意度越高，公平感越强，均是在 1%的显著性水平上显著。形成对比的是，对农民工群体来看，影响并不显著，可能的原因是农民工在务工城市较少接触与公平执法相关事宜。

无论对哪个群体，在政府秉公办事上的满意度越高，社会公平感越强，均在 1%的显著性水平上显著。这表明，无论对哪个群体，对政府秉公办事都有非常高的期待。无论是农民、市民还是农民工，都会较多地与政府部门打交道，从政府部门的办事中体会并形成公平感知。

环境保护、捍卫国家安全、打击犯罪方面满意度的影响，符号要么为正，要么不稳健，并且基本不显著，仅是对于市民群体，在不引入个体特征变量的情况下，在10%的显著性水平上显著。可能是因为，在这些方面离普通老百姓的日常生活较远，并且，整体上看，这些公共服务在群体间基本是无差别的，人们感受到的差别也不明显。

在帮助穷人，维护社会公平方面，无论对哪个群体，符号均为负，符合预期。对农民和农民工群体来讲，均在1%的显著性水平上显著，表明这两个群体对政府维护社会公平有非常强的期待，也感受到较强的福利差异。对市民群体来讲，不引入个体特征变量时在10%的显著性水平上显著，引入个体特征变量后，变得不再显著。市民群体通常有不错的收入和社会保障，“帮助穷人”对绝大多数市民来讲，与切身利益相关度很低。这也间接表明，人们的公平感知不可避免地融入对自身利益的考量。

在为老人提供适当的生活保障方面，其满意度对各群体社会公平感的影响系数均为负，基本是显著的，与帮助穷人，维护社会公平方面的影响呈现同样的模式。从模型 1、模型 2 和模型 5 和模型 6 看，无论是否引入个体特征变量，satis_old 的影响均是显著的。从模型 3 和模型 4 来看，不引入个体特征变量，在 10%的显著性水平上显著，引入个体特征变量后，变得不再显著。对农民和农民工来讲，社会保障的覆盖广度和深度相对不足，在农村，土地还在某种程度上发挥着养老保障的功能。因此，在养老保障方面，他们的需求更加迫切，体会到的福利差异更加明显，对公平感的影响更加强烈。

在为患者提供医疗服务方面，计量回归结果显示，系数和显著性有较大的差异，甚至与常理相悖。具体来看，医疗保障方面的满意度对农民公平感的影响系数为负，但不显著。对市民来讲，satis_ med 的影响为负，在 10%的显著性水平上显著。而对农民工来讲，不引入个体特征变量时，影响不显著，引入个体特征变量后，在 10%的显著性水平上显著，但符号是正的。我们分析，对农民来讲，伴随着新农合政策的推行与优化完善，农民在医疗保障方面的负担得到较大程度上的减轻，而小的疾病基本上可以在村镇两级医院、卫生所里解决，大病方面能得到一定比例的报销。所以总体来看，新农合政策改变了过往农民医疗费用支出完全靠自己负担的历史。所以，医疗保障方面的体验没有显著地影响其社会公平感。对农民工来讲，在享受医疗服务方面处于尴尬境地。一方面，进城的农民工在城市中接受医疗服务，医疗服务的质量更高，服务更优，尤其是相对于农村而言，但另一方面，在城市接受医疗服务，价格偏高，而新农合政策在跨区域尤其是跨省份报销方面，还存在个人认知、政策障碍等问题，出现服务好但农民工难以负担的局面。所以，导致对医疗保障越是满意，越觉得不公平。对市民群体，医疗保障越来越完善，但仅靠医疗保险，尚不足以解决市民群体看病难和看病贵问题，市民群体感受到的差异大，满意度对公平感的影响强。

第三节　公共服务供需匹配对农民工公平感影响的群体分化

研究农民工群体的社会公平感，十分有必要关注农民工群体正在发生的变化。王春光是国内最早提出“新生代农民工”这个概念的学者之一。学界基本上把 1980 年以后出生的农民工界定为新生代农民工。国家统计局曾于 2010 年对河北、辽宁、浙江、山东、河南、湖北、湖南、重庆、四川和陕西等10个省份进行了新生代农民工专项调查。调查显示，截至2009年，全国外出农民工（外出从业6个月及以上的农村劳动力）的数量已经达到14533万人，新生代农民工（外出从业6个月及以上并且在1980年及之后出生的农村劳动力）占全部外出农民工总数的58.4%，已经成为外出农民工的主体。随着时间的变迁，按1980年及以后出生作为新生代农民工的界定标准，新生代农民工在农民工群体中的比重必然会越来越高。

王春光认为，新生代农民工与第一代农民工在流动动机上有很大差异，在许多社会特征上也有很大不同。① 他系统地分析了新生代农民工与他们父辈的差异。如新生代农民工大多数没有务农经历，对农业生产知之甚少；他们受教育水平整体上更高，高于他们的父辈；关键是，其一，他们对外出务工有更高的期望，对工作的要求高，在寻找工作中考虑自身兴趣，不仅要求工资高一些，还要求有较好的工作环境和条件；其二，他们对进城务工有更高的期许，希望外出不仅能赚到钱，更期望改变自己的人生命运，渴望真正成为城市的市民；其三，他们对外部世界的了解比较多，了解的渠道更多更丰富，更有胆识，这一方面使他们更容易适应外部世界，但另一方面造成他们对挫折的容忍性比较低。刘传江分析认为，不同年龄群体农民工进城的目的和动机会有不同，年龄越大，务工越是为了获得更多的节余收入。② 何瑞鑫和傅慧芳也指出，农民工的社会心态正在发生变化，工作生活经历使新生代农民工的生存理性和价

---

① 王春光. 新生代农村流动人口的社会认同与城乡融合的关系 [J]. 社会学研究，2001 (3).

② 刘传江. 新生代农民工的特点、挑战与市民化 [J]. 人口研究，2010 (2).

值观念不同于老一代农民工。[①] 熊易寒指出，新生代农民工更多地提及人权、自由、平等等词语。[②]

李培林和李炜通过对 2006 年全国大规模调查数据的分析，发现收入和社会地位相对较低的农民工群体，反而具有较为积极的社会态度，农民工的社会公平感明显高于城市工人。他们的解释是，影响农民工态度和行为的因素，更重要的可能不是社会横向利益比较，而是自身的纵向利益比较；更多地遵循历史决定逻辑，而非经济决定逻辑。[③] 但是，前已指出，农民工群体中新生代农民工占比在不断提高，因此研究农民工社会公平感，不能忽视农民工内部群体分化之下，新生代农民工与老一代农民工社会公平感决定的异同。一些实证研究已经证实，不同代农民工幸福感的决定存在显著差异。例如，贺京同和郝身永在研究农民工群体的幸福感决定时发现，是否享受同工同酬待遇对农民工中高年龄组和低年龄组影响有差异，对高年龄组群体的幸福感影响不显著，而对低年龄组群体的影响则是显著的。分析认为，低年龄组的权利意识更强，更倾向于与城市户籍居民收入进行比较，对同工同酬的期待更加强烈，如果感到收入分配不公正则相对剥夺感更强[④]。

我们利用 CGSS2015 年数据，在农民工群体内分为两个群组，一个是 1980 年及以后出生的，年龄在 35 岁及以下；另一个群组是 1980 年以前出生的，年龄在 35 岁以上。前一个群组是新生代农民

① 何瑞鑫，傅慧芳．新生代农民工的价值观变迁［J］．中国青年研究，2006（4）．
② 熊易寒．新生代农民工的权利意识［J］．文化纵横，2012（1）．
③ 李培林，李炜．农民工在中国转型中的经济地位和社会态度［J］．社会学研究，2007（3）．
④ 贺京同，郝身永．怎样才能使落脚城市人群更幸福？——基于 CHIPS 数据的实证分析［J］．南开经济研究，2013（6）．

工，后一个群组是老一代农民工。计量结果见表 6.4。其中，模型 1 和模型 2 分别是在不加入个体特征变量和引入个体特征变量后九类基本公共服务满意度影响老一代农民工社会公平感的计量模型，模型 3 和模型 4 则是在不引入个体特征变量和引入个体特征变量后九类基本公共服务满意度影响新生代农民工社会公平感的计量模型。

表 6.4 老一代和新生代农民工社会公平感决定的计量结果

解释变量	被解释变量：society_fair			
	模型 1	模型 2	模型 3	模型 4
satis_med	0.0152	0.0237	0.132**	0.136**
	(0.0447)	(0.0449)	(0.0610)	(0.0612)
satis_old	−0.117**	−0.127***	0.0402	0.0354
	(0.0457)	(0.0460)	(0.0683)	(0.0687)
satis_education	−0.0211	−0.00933	−0.165***	−0.170***
	(0.0451)	(0.0455)	(0.0582)	(0.0586)
satis_safe	0.00911	0.0114	−0.0565	−0.0532
	(0.0512)	(0.0519)	(0.0615)	(0.0620)
satis_crimal	0.0193	0.00568	0.00545	0.00364
	(0.0490)	(0.0494)	(0.0670)	(0.0674)
satis_fairwork	−0.0408	−0.0426	−0.0621	−0.0521
	(0.0493)	(0.0496)	(0.0642)	(0.0644)
satis_fairjob	−0.193***	−0.202***	−0.132**	−0.131**
	(0.0488)	(0.0493)	(0.0627)	(0.0630)
satis_environment	0.0118	0.0197	−0.0207	−0.0335
	(0.0428)	(0.0432)	(0.0562)	(0.0567)
satis_helppoor	−0.141***	−0.144***	−0.131**	−0.134**
	(0.0462)	(0.0466)	(0.0635)	(0.0637)

续表

解释变量	被解释变量：society_fair			
	模型 1	模型 2	模型 3	模型 4
age		-0.0870***		0.207*
		(0.0320)		(0.118)
age_square		0.0992***		-0.406*
		(0.0312)		(0.217)
education		0.0312**		0.0283**
		(0.0139)		(0.0140)
health		0.0932***		0.00524
		(0.0325)		(0.0544)
dum_marr		-0.167		0.0966
		(0.116)		(0.106)
样本量	1314	1311	716	715
伪 R^2	0.0403	0.0511	0.0278	0.0330
极大似然值	-1653.34	-1630.01	-921.48	-915.57

我们重点关注各变量影响社会公平感的群体异质性。相同的是，政府部门秉公办事的满意度无论对哪个群体都有显著的影响，分别在1%和5%的显著性水平上显著。符号为负，意味着政府部门秉公办事的满意度与社会公平感有正相关关系。帮助穷人，维护社会公平的满意度对社会公平感的影响系数为负，对老一代农民工，无论是否加入个体特征变量，均在1%的显著性水平上显著；对新生代农民工，无论是否加入个体特征变量，均在5%的显著性水平上显著。农民工对政府帮助穷人维护社会公平的满意度越高，社会公平感越强。

相同的是，捍卫国家安全、打击犯罪、公平执法和环境保护的满意度无论对哪个群体的社会公平感的影响均不显著。

不同但重要且有意思的是，为老人提供适当的生活保障的满意度对老一代农民工的社会公平感有显著的正向影响，系数为负，模型 1 和模型 2 的回归结果显示，分别在 5%和 1%的显著性水平上显著。但对新生代农民工的社会公平感影响系数为正但不显著。而且，提供优质的基础教育的满意度对老一代农民工的社会公平感的影响系数为负，但不显著；对新生代农民工的社会公平感的影响系数也为负，在 1%的显著性水平上显著。这与常理相符，老一辈农民工年龄更大，要考虑养老问题。许多农民工尤其是老一辈农民工主要是通过回农村老家养老，政府为老人提供适当的生活保障越多，农民工的满意度越高，自然会觉得越公平。而新生代农民工年龄较轻，离年老后的养老选择还比较远，是在城市养老还是回农村老家养老还有很大的不确定性。调研中也发现，许多新生代农民工表示暂时还没有考虑养老这一问题。新生代农民工不但关注自身的工作、收入和未来发展，还十分关注子女教育问题。子女无论是随自己在务工城市接受基础教育，还是在农村老家接受基础教育，对政府提供优质的基础教育满意度越高，感到社会越公平；而老一代农民工已经基本不再面临子女教育问题，对政府提供优质的基础教育已经基本没有诉求了。

有些令人诧异的是，为患者提供医疗服务的满意度对老一代农民工的社会公平感影响系数为正，不显著，对新生代农民工的社会公平感的影响显著，在 5%的显著性水平上显著，但系数为正。这意味着政府为患者提供医疗服务的满意度越高，反而觉得不公平。可能的原因是，此处的满意度主要是医疗水平、医疗服务的满意度评价，还没有把医疗价格考虑进去。一旦需要接受诊治，许多人感到价格太贵。我们在上海松江某工厂做访谈，许多被访谈人表示："城市里的医疗服务、医疗条件当然比老家好。但是太贵了，感冒一下随便打个吊瓶就得三四百。"

第七章　基本公共服务配置结构与形成原因探源

当人们讨论基本公共服务配置的不均等状况时，尤其是讨论基本公共服务在农民工与城市户籍居民间的配置不均等时，通常简单地视之为对农民工的不公和歧视，并进而归咎于政府失责。分析表明，这种观点过于简单化和片面化。农民工与城市户籍居民在享受基本公共服务上仍存在区隔并不单纯是城镇有意的“歧视”，而是有非常复杂而深刻的原因。

第一节　政府公共服务支出比例的历时变化和横向比较

一般来讲，政府公共服务的提供水平或用于提供公共服务的政府支出与经济发展水平和政府财政能力息息相关，呈正相关关系，但边际增长会逐渐下降。考虑到我国的经济发展水平和政府财政能力，不少学者指出，我国政府公共服务提供的水平相对不足，存在政府“失责”现象。吕炜和王伟同指出，20 世纪 90 年代以来，当我们进行国际比较时，同时考察经济发展水平和政府公共服务提供，会发现中国公共服务提供相对于其经济发展水平是不足的。①

吕炜和王伟同估计了公共服务提供的理论值，通过理论值与实际值的对比识别政府责任实现程度和政府失责程度。关于理论值的测算，他们利用53个国家和地区2003年的横截面数据建立多元线性回归方程，被解释变量是政府公共教育和公共医疗支出之和占GDP的比重，解释变量包括人均国民收入和政府收入占GDP的比重，分别表示国家经济发展水平和政府财政能力。得到参数估计值后，再将我国历年人均国民收入和财政收入占GDP比重代入模型，便可以求得历年公共服务提供的理论值（预测值）。这种方法，本质上是寻找政府公共支出取决于经济发展水平和政府财政能力的平均水平，进而通过预测值得到“理论值”。理论值与实际值的对比情况如表7.1所示，如果实际值小于理论值，则定义为“政府失责”。

据吕炜和王伟同测算，其一，自1978年改革开放以来，并不是一直存在政府失责，在20世纪80年代，公共服务提供的实际值大于理论值，政府责任实现程度高于100%。其二，20世纪90年代以来，截至2006年，政府公共服务提供的实际值小于理论值，存在政府失责。并且，失责的程度有扩大趋势，1992年，政府责任实现程度为88.44%，理论值与实际值仅相差0.385%，到2006年，政府责任实现程度仅为52.42%，比1992年的政府责任实现程度降低36.02%，理论值与实际值相差3.182%，差值扩大2.797%。

---

① 吕炜，王伟同．发展失衡、公共服务与政府责任——基于政府偏好和政府效率视角的分析［J］．中国社会科学，2008（4）．

表 7.1 我国政府公共服务提供理论值与实际值及政府责任实现程度

年份	理论值	实际值	理论值与实际值的比较	政府责任实现程度
1978	3.532%	3.091%	>	87.51%
1980	2.999%	3.438%	<	114.64%
1985	3.348%	3.513%	<	104.93%
1989	3.163%	3.256%	<	102.94%
1992	3.330%	2.945%	>	88.44%
1995	3.961%	2.413%	>	60.92%
1998	4.561%	2.553%	>	55.97%
2000	5.017%	2.759%	>	54.99%
2001	5.343%	3.065%	>	57.36%
2002	5.574%	3.307%	>	59.33%
2003	5.774%	3.317%	>	57.45%
2004	6.060%	3.217%	>	53.09%
2005	6.352%	3.334%	>	52.49%
2006	6.688%	3.506%	>	52.42%

数据来源：转引自吕炜、王伟同：《发展失衡、公共服务与政府责任——基于政府偏好和政府效率视角的分析》，载《中国社会科学》2008 年第 4 期，并做进一步整理计算。

2007 年我国全面实施了政府收支分类改革，政府预算及部门预算的编制、执行和决算一律按新科目进行，新的收支分类体系主要包括收入分类、支出功能分类和支出经济分类。为考察 2007 年起政府公共服务财政支出情况，我们分别计算了教育、社会保障和就业、医疗卫生和计划生育、住房保障、城乡社区等五项支出总额（按当年价计算）及其总额占 GDP 的比重，结果见表 7.2。从计算结果可见，从2007年起，五项支出占GDP的比重逐年提高，从2007年的6.60%提高到2017年的11.66%，共提高了5.06%，政府公共服务提供的水平整体上不断提升。

表7.2 2007—2017年不同类别公共服务支出占GDP的比重

年份	教育支出占比（%）	社会保障和就业支出占比（%）	医疗卫生和计划生育支出占比（%）	住房保障支出占比（%）	城乡社区支出占比（%）
2007	2.64	2.02	0.74	0.00	1.20
2008	2.82	2.13	0.86	0.00	1.32
2009	2.99	2.18	1.14	0.21	1.46
2010	3.04	2.21	1.16	0.58	1.45
2011	3.37	2.27	1.31	0.78	1.56
2012	3.93	2.33	1.34	0.83	1.68
2013	3.70	2.43	1.39	0.75	1.88
2014	3.58	2.48	1.58	0.78	2.01
2015	3.81	2.76	1.73	0.84	2.31
2016	3.78	2.90	1.77	0.91	2.47
2017	3.65	2.98	1.75	0.79	2.49

数据来源：根据历年《中国统计年鉴》计算。

在横向比较维度上，可与欧盟28国政府支出结构进行比较。为描述政府不同的活动，经济合作与发展组织（OECD）曾于1999年提出“政府功能分类”（the classification of the functions of government，简称COFOG）标准。根据这一划分标准，政府支出共分为十个类别，包括：一般公共服务、国防、公共秩序与安全、经济事务、环境保护、住房和社会建设、健康、文化娱乐宗教育、教育、社会保护。该分类标准与我国2007年起政府财政支出的分类标准有所不同，但是，有些分类所涵盖的具体内容则十分接近。与前面我们的界定相对应，我们整理了欧盟国家2007—2017年教育、社会保护、健康、住房和社区建设四类支出及其汇总占GDP的情况，见表7.3。

表7.3 2007—2017年欧盟国家公共服务支出占GDP比重

年份	教育支出占比（%）	社会保护支出占比（%）	健康支出占比（%）	住房和社区建设支出占比（%）	合计（%）
2007	4.9	17.0	6.5	0.9	29.3
2008	4.9	17.4	6.7	0.9	29.9
2009	5.2	19.4	7.3	1.0	32.9
2010	5.2	19.3	7.3	0.9	32.7
2011	5.1	19.0	7.1	0.8	32.0
2012	5.0	19.3	7.1	0.7	32.1
2013	4.9	19.5	7.2	0.7	32.3
2014	4.9	19.3	7.2	0.6	32.0
2015	4.8	19.1	7.1	0.6	31.6
2016	4.7	19.0	7.1	0.6	31.4
2017	4.6	18.8	7.0	0.6	31.0

资料来源：根据欧盟统计局网站数据整理计算。

欧盟国家教育、社会保护、健康、住房和社区建设支出占GDP的比重在30%左右，从2007年到2017年，11年间并没有特别明显的变动趋势。这主要是因为这些国家是发达国家，财政支出平稳。从结构上看，社会保护支出占比在2009年有一个明显的上升，增长约两个百分点，之后仍保持稳定状态。

横向比较来看，尽管我国各类公共服务的政府支出占比在不断提高，但是：其一，从占 GDP 的比重看，仍然明显较低，相差约 20%。其二，从不同类公共服务政府财政支出结构看，我国教育支出占 GDP 比重与欧盟国家相差不大，与欧盟国家社会保护支出占 GDP 比重相比，我国社会保障和就业支出占 GDP 比重低很多，2007—2017 年占比均值为 2.43%，欧盟国家 2007—2017 年占比均值达 18.83%。欧盟国家健康支出占比的均值为 7.05%，与之相比，我国医疗卫生和计划生育支出占比偏低，2007—2017 年占比均值仅为 1.34%。欧盟国家住房和社区建设支出占比的均值为 0.75%，我国住房保障支出和城乡社区支出在 2007—2017 年间的均值分别为 0.59%和 1.80%，相应时段合计占比的均值为 2.39%，比欧盟国家相应支出占比更高。

尽管许多人都把公共服务供给的不足完全归咎于政府的失责，但是，这一认识至少忽视了中国问题的复杂性和特殊性。吕炜和王伟同区分了发展阶段型失衡和政府责任型失衡，并认为中国的情况是两种失衡的混合共同导致的，尽管在直观上均表现为政府的失责。换句话说，考虑到中国转轨过程及其客观体制条件等约束因素，这不但影响国家经济发展水平和发展速度，也在体制重构方面影响着体制的效率和政府的行为。无论是客观上的经济发展水平和财政能力，还是政府偏好和效率等主观因素，都受到转轨的影响和制约。在经济转轨方面，包括“以经济建设为中心”发展战略的实施、分税制改革、政府偏好（以政府支出结构表示）带来影响。① 这一点在我们的数据分析中也能得到很好的体现。基本建设类支出占比、

① 吕炜，王伟同．发展失衡、公共服务与政府责任——基于政府偏好和政府效率视角的分析［J］．中国社会科学，2008（4）．

经济建设类支出占比在1994年形成一个拐点，与1994年实施的分税制改革紧密相关。分税制改革以后，中央和地方在财政收入中的占比关系有非常大的逆转，地方的财力下降，但地方上的事权并没有完全同步调整，造成地方上的事权与财权不相匹配，财政压力较大。这种情况下，政绩的考评又较为偏重于GDP，地方上自然有动力把财政支出往基本建设、经济建设方面倾斜。

第二节 公共财政支出的类别结构：历时变化与横向比较

财政支出按国家职能，通常划分为经济建设费、社会文教费、国防费、行政管理费和其他支出等。一个国家或地区财政支出的分配结构，是决定基本公共服务提供是否充足的基本前提。许多研究者指出，我国的财政支出结构偏向经济建设，轻民生保障，基本建设支出供给过度，而在教育、医疗卫生和社会保障等与民众福祉息息相关的福利性支出项目上则供给不足。我们尝试通过计算财政支出不同类别或其组合在总支出中占比的变化，来刻画我国财政支出结构的演化特征。

我们计算了2007年之前基本建设支出、社会保障支出、行政管理费支出分别占财政支出的比重。结合功能性质分类，我们把“基本建设支出”“增拨企业流动资金”“挖潜改造资金和科技三项费用”和“地质勘探费”四项相加，算为经济建设类支出，并计算其占财政支出的比重。

表 7.4 1978—2006 年不同类别财政支出占比（单位:%）

年份	基本建设支出占比	经济建设类支出占比	社会保障支出占比	行政管理费支出占比
1978	45.66	54.09	1.91	4.96
1980	31.22	40.51	1.83	6.02
1985	31.33	39.66	1.76	7.38
1990	20.55	28.10	2.07	11.38
1991	19.23	27.20	2.31	11.80
1992	17.64	26.47	2.11	13.47
1993	15.68	28.64	1.99	14.19
1994	13.89	24.68	2.07	15.84
1995	14.68	25.77	2.15	16.24
1996	14.46	24.58	2.91	16.59
1997	14.12	24.77	4.55	15.75
1998	16.09	24.98	6.91	15.38
1999	19.72	28.16	11.16	14.21
2000	16.99	25.30	12.31	14.50
2001	17.35	25.04	13.73	15.19
2002	17.94	24.17	15.05	17.01
2003	17.87	24.19	13.84	17.92
2004	15.49	21.68	14.04	18.30
2005	15.52	21.84	14.21	18.57
2006	14.24	20.41	14.15	18.29

资料来源：根据历年《中国统计年鉴》计算。

就2007年以前的情况看，基本上以1994年为分界点，1994年之前，基本建设支出、经济建设类支出的占比整体上呈下降趋势，但1994年起，基本建设支出占比和经济建设类支出占比整体上又呈上升趋势，直到2004年起才又缓慢下降。在此期间，1999年无论是基本建设支出占比还是经济建设类支出占比都有一个明显的跃升，主要是受1998年亚洲金融危机的影响，我国采取了一系列扩大投资以稳增长的举措。1994年之前，特别是1990到1994年间，社会保障支出占比有下降趋势，1994年起整体上处于缓慢抬升状态。行政管理费支出占比的拐点现象不明显，2007年之前整体上一直处于上升趋势。

受行政管理费支出占比提高，基本建设支出占比、经济建设类支出占比居高难下的影响，社会保障支出占比虽有提高，但整体占比仍然显得不足。这是我国基本公共服务总量不足的直接原因。

2007年及之后，我们统计了政府在几类与居民紧密相关的公共服务上的财政支出变化情况，主要包括教育支出、社会保障和就业支出、医疗卫生和计划生育支出、住房保障支出①。像国防、外交、公共安全等支出，这类公共服务与居民日常生活相对较远，并且溢出性极强，故不纳入进来。这一做法与储德银和邵娇的做法类似，他们用政府民生性支出占公共预算支出比重来衡量公共支出的结构偏向，民生性支出是一般公共服务支出、公共安全支出、科教文卫支出、社会保障和就业支出、住房保障支出的加总。② 但与他们不同的是，我们没有把一般公共服务支出、公共安全支出纳入进来，主要是因为这些公共服务的溢出性很强，不是居民尤其是农民工最迫切的需求。出于同样的原因，科教文卫支出方面，我们纳入了

① 2007—2008年两年尚没有“住房保障支出”这一科目。2007—2012年，与医疗相关的科目是“医疗卫生支出”，2013—2017年则是“医疗卫生与计划生育支出”。

② 储德银，邵娇．财政纵向失衡与公共支出结构偏向：理论机制诠释与中国经验证据［J］．经济研究，2018（4）．

“教”和“卫”，即医疗卫生和计划生育支出，但没有把“科”和“文”即科学技术支出、文化体育与传媒支出纳入进来。详见表 7.5。

表 7.5 2007—2017 年不同类别财政支出占比（%）

年份	教育支出占比	社会保障和就业支出占比	医疗卫生和计划生育支出占比	住房保障支出占比	城乡社区支出	合计
2007	14.31	10.94	4.00	0.00	6.52	35.77
2008	14.39	10.87	4.40	0.00	6.72	36.38
2009	13.68	9.97	5.23	0.95	6.69	36.52
2010	13.96	10.16	5.35	2.64	6.66	38.77
2011	15.10	10.17	5.89	3.50	6.98	41.64
2012	16.87	9.99	5.75	3.56	7.21	43.38
2013	15.69	10.33	5.91	3.20	7.96	43.09
2014	15.18	10.52	6.70	3.32	8.54	44.26
2015	14.94	10.81	6.80	3.30	9.03	44.88
2016	14.95	11.50	7.01	3.61	9.80	46.87
2017	14.85	12.12	7.12	3.23	10.14	47.46

资料来源：历年《中国统计年鉴》及笔者计算而得。

从 2007 年至 2017 年，教育支出占比提高不大，提高了 0.54%，社会保障和就业支出占比从 10.94%提高到 12.12%，提高了 1.18%，医疗卫生和计划生育支出占比提升明显，从 4.00%提高到 7.12%，提高了 3.12%。住房保障支出从无到有，2017 年占财政支出的比例为 3.23%。以上四项支出合计占财政支出的比重有较为明显的提升，从 29.25%提升到 37.33%，共提高了 8.07%。城乡社区支出占比也有较为明显的提升，从 2007 年的 6.52%提升到 2017 年的 10.14%，提升了 3.62%。从五项支出的合计看，从 35.77%提升到 47.46%，共提高了 11.69%。

在表 7.6 中，我们整理了 2007—2017 年欧盟成员国不同类别财政支出结构情况。从我国与欧盟成员国的对比看，我国财政支出中的教育支出占比高于欧盟国家，社会保障和就业支出占比明显低于欧盟国家社会保护支出占比，前者均值为 10.67%，后者均值达 39.6%，比后者低 28.93%。我国医疗卫生支出占比低于欧盟国家，住房保障和城乡社区支出方面占比高于欧盟国家。

表 7.6　2007—2017 年欧盟成员国①不同类别财政支出占比情况（%）

年份	教育支出占比	社会保护支出占比	健康支出占比	住房和社区建设支出占比	合计
2007	10.9	38.2	14.5	2.0	65.6
2008	10.6	37.8	14.5	1.9	64.8
2009	10.5	38.8	14.7	2.0	66.0
2010	10.5	38.7	14.6	1.7	65.5
2011	10.4	39.2	14.6	1.6	65.8
2012	10.2	39.6	14.6	1.5	65.9
2013	10.1	40.1	14.7	1.4	66.3
2014	10.2	40.3	15.0	1.3	66.8
2015	10.2	40.6	15.2	1.4	67.4
2016	10.2	41.2	15.3	1.3	68.0
2017	10.2	41.1	15.3	1.3	67.9

资料来源：根据欧盟统计局网站数据整理。

① 2016 年 6 月，英国举行脱欧公投并且脱欧阵营胜出。不过 2016 年和 2017 年的统计数据中还包括英国。

容志还把中国公共服务支出占比情况与 OECD 国家和美国进行了比较。① 以 2013 年为例，OECD 的 35 个成员国财政支出中，教育、健康、社会保护、社区建设和发展占比的加权平均值分别为 12.5%、17.7%、32.4%和 1.5%，四项合计占 64.1%，与我国当年相应支出占财政支出比重相比明显更高。我国五项支出的合计占比是 43.09%，比 OECD 国家低 21.01%。若与美国相比，在联邦政府层面，在 2015 年，"医疗和健康"支出占 27%，"教育"支出占 3%，"住房和社区"支出占 2%，"社会保障、失业和劳动"支出占 33%，合计占财政支出的 65%。当年，我国五项支出合计占财政支出的 44.88%，美国与欧盟的水平相当，我国比美国低 20.12%。

第三节 公共财政支出的央地结构与不同层级政府负担比例

考察农民工群体享受基本公共服务的情况，还必须探究政府公共服务支出在各级政府间是如何分担的。

在表 7.7 中，我们计算了中央与地方政府在一般公共预算支出，以及教育、社会保障和就业、医疗卫生和计划生育、住房保障和城乡社区等支出上的分担比例，用地方支出占该项支出的比例来表示。要说明的是，欧盟国家按照 COFOG 标准对财政支出进行政府功能分类，为便于进行横向比较，我们把住房保障支出和城乡社区支出做了合并。实际上，无论是住房保障支出还是城乡社区支出，基本都

① 容志．公共服务支出的测算与比较［J］．上海行政学院学报，2017（5）．

由地方政府负担，其中城乡社区支出的地方负担比例更高，从2007—2017年，每年地方财政负担的比例都在99.6%以上。

表7.7　2007—2017年政府财政支出中地方支出所占比重（%）

年份	一般公共预算	教育	社会保障和就业	医疗卫生和计划生育	住房保障和城乡社区
2007	77.02	94.45	93.71	98.28	99.81
2008	78.68	94.54	94.94	98.30	99.66
2009	80.01	94.56	94.03	98.41	99.48
2010	82.21	94.26	95.07	98.47	95.26
2011	84.88	93.94	95.48	98.89	97.02
2012	85.10	94.81	95.35	98.97	96.84
2013	85.40	94.97	95.58	99.07	97.29
2014	85.13	94.56	95.62	99.11	97.65
2015	85.48	94.83	96.20	99.29	98.10
2016	85.40	94.84	95.88	99.31	98.18
2017	85.30	94.86	95.93	99.26	98.36

资料来源：历年《中国统计年鉴》及笔者计算而得。

就一般公共预算支出来看，首先，地方支出占绝对大头，2007—2017年，该比例的最小值是77.02%，最大值是85.48%，均值达到83.15%。其次，从近11年的变化趋势看，地方支出在整个财政支出中的比重甚至有一定的上升趋势。

就我们最关心的几项公共服务支出来看，第一，普遍以地方财政负担为主，从2007—2017年，无论是教育、社会保障和就业、医疗卫生和计划生育支出，还是住房保障和城乡社区支出，地方财政支出占比均在93%以上；第二，从四项公共服务中央与地方政府财政负担的比例与中央与地方政府在整个财政支出中的负担比例看，发现四项公共服务支出的地方负担比例都比整个财政支出的地方负担比例高。这说明，在国防、外交等公共服务支出中，中央财政负担了更大的比例；第三，从四类支出地方财政负担比例的对比看，教育相对低一些，然后是社会保障和就业，医疗卫生和计划生育、住房保障和城乡社区的地方财政负担比例最高，二者基本相当，在这些方面中央财政负担得极少。

地方政府又分为不同的政府层级，包括省级、市级、县级和乡镇级。公共服务支出以地方财政负担为主，那么，不同层级的地方政府又是如何进行分担的？以上海和河南为例，2015—2017 年一般公共预算支出的构成情况分别见表 7.8 和表 7.9。

表 7.8　2015—2017 年上海市一般公共预算支出情况

年　份	2015	2016	2017
一般公共预算支出（亿元）	6191.56	6918.94	7547.62
教育支出（亿元）	767.32	840.97	874.10
教育支出占比	12.4%	12.2%	11.6%
市级支出占一般公共预算支出之比	37.7%	34.4%	29.3%
区级支出占一般公共预算支出之比	62.3%	65.6%	70.7%

资料来源：历年《上海统计年鉴》。

表 7.9　2015—2017 年河南省一般公共预算支出情况

年　份	2015	2016	2017
一般公共预算支出（亿元）	6799.35	7453.74	8215.52
省级支出占一般公共预算支出之比	12.19%	12.37%	13.46%
市级支出占一般公共预算支出之比	25.37%	25.8%	18.41%

续表

年　份	2015	2016	2017
县市级支出占一般公共预算支出之比	56.34%	55.39%	66.42%
乡镇级支出占一般公共预算支出之比	6.10%	6.44%	1.71%
教育支出（亿元）	1271.00	1343.76	1493.11
教育支出占比	18.70%	18.03%	18.17%

资料来源：历年《河南统计年鉴》。

就上海市而言，教育支出占一般公共预算支出的比重，2015—2017年分别为12.4%、12.2%和11.6%，历年波动不大，基本保持稳定。就人口大省和外出务工大省河南而言，2015—2017年教育支出占一般预算支出的比重分别为18.7%、17.03%和18.17%，逐年提升，并且对应年份，教育支出所占比重较上海更高，但总体上相差不大。

在一般公共预算支出的分担比例上，就上海而言，2015—2017年，市级财政负担的比例依次为37.7%、34.4%和29.3%，逐年下降，平均值为33.8%，区级财政负担的比例依次为62.3%、65.6%和70.7%，平均值为66.2%。对比可见，一般公共预算支出主要由区级财政负担。就河南而言，在2015年，省级、市级、县市级①和乡镇级四级财政在一般公共预算支出中的占比依次为12.19%、25.37%、56.34%和6.10%，2016年与2015年各项比例基本稳定，依次为12.37%、25.8%、55.39%和6.44%。2017年各级财政负担的比例依次为13.46%、18.41%、66.42%和1.71%，较为明显的变化是，市级和县（市）级支出负担比例有较大变动，市级财政负担

① 此处的县（市）级中的“市”是指县级市。

比例较 2016 年降低 7.39%，县（市）级财政负担的比例较 2016 年提高了 11.03%。纵观几年变化，可以发现，一般公共预算支出以县（市）级为主，历年均超过 55%。如果将市级和县（市）级支出占比合并，则 2015—2017 年依次为 81.71%、81.19%和 84.83%，较为稳定，占了一般公共预算支出的绝大部分。

与之相对，就欧盟国家而言，各类公共服务支出的资金来源结构如何？在表 7.10 中，我们以 2017 年为例，计算了欧盟国家教育、社会保护、健康、住房和社区建设等公共服务支出的分担比例。

表 7.10　2017 年欧盟国家各种汇总支出中公共服务支出占比情况（%）

不同汇总项	教育支出占比	社会保护支出占比	健康支出占比	住房和社区建设支出占比	合计
一般预算支出	10.2	41.1	15.3	1.3	67.9
中央政府	10.3	28.5	7.9	1.3	48.0
州政府	24.4	19.0	12.4	1.1	56.9
地方政府	16.8	24.5	13.9	4.3	59.5
社保基金	0.0	75.0	23.7	0.0	98.7

资料来源：根据欧盟统计局网站数据整理。

根据欧盟统计局数据，我们整理了不同口径、不同层级政府的财政支出中我们关注的几类公共服务支出占比情况。值得注意的是，一般预算支出并不是中央政府支出、州政府支出和地方政府支出三项的加总，而是大于三项的加总值。我们分析，可能是因为社保基金的来源主要包括雇主、雇员本人，还包括一部分政府捐助（资助）。这部分捐助进入社保基金项，但并不进入中央、州和地方政府的财政支出项。所以，我们没办法像中国的情况一样直接计算中央与地方政府（包括州政府、地方政府）在各类公共服务支出中的分摊比例。但我们分别计算了一般预算支出（general government）、中央政府（central government）、州政府（state government）、地方政府（local government，指州以下，包括市、县、镇等）和社保基金（social security funds）中，各类公共服务支出占比情况。我们尤其关心中央政府、州政府和地方政府三级政府财政支出的结构，并与一般预算支出进行对比。从四项支出的合计情况看，在中央政府、州政府和地方政府层级，四项公共服务支出合计占本级政府财政支出的48.0%、56.9%和59.5%，比一般预算支出占比低。但是，中央政府的占比也接近50%，明显比我国中央财政负担比例高。另外，就2017年的情况看，在中央政府、州政府和地方政府三级，四项公共服务支出合计占比从低到高依次是地方政府、州政府与中央政府，分别是48.0%、56.9%和59.5%，但相差并不大。

本章小结

许多人在讨论农民工群体与城市户籍居民在享受某些基本公共服务的户籍区隔与差异时，通常一概归咎于“歧视”。这种分析过于浮浅和片面。我们前述分析表明，它是多种因素叠加带来的一个结果。归纳起来讲，中国目前整个公共服务支出占GDP的比重尚不如发达国家，而且，在政府支出结构中，较偏向于经济建设类支出，教育、医疗卫生和计划生育、社会保障和就业、住房保障和城乡社区支出的比重偏低，两种因素叠加，必然导致无论是城镇户籍居民、农民，还是农民工，都存在公共服务供给不足的问题，在这一点上，几个群体并无差异。更进一步分析，在教育、医疗卫生等农民工关心的基本公共服务的政府负担上，主要依赖地方政府。一方面，由于上级对下级、中央对方的考核，过往十分注重 GDP，导致地方偏向于经济建设类支出；另一方面，中央对地方有财政转移支付，但许多财政转移支付以户籍人口为依据，而不是以常住人口为依据，也即，它是根据户籍登记的人口为依据，而不是以流动人口实际工作生活地为依据，这必然导致地方上更倾向于为当地户籍人口提供基本公共服务，或者说迫于财政压力也只能优先向当地户籍人口提供基本公共服务。由此导致竞争性、排他性相对越强的公共服务，越倾向于优先向本地户籍人口提供，而我们发现，这类公共服务恰恰又是农民工群体最迫切的需求。因此，从“供给侧”的角度来看，农民工群体在某些基本公共服务享受上遭遇的户籍区隔，既包含“公平”的成分，也包含“不公平”的成分。它既是政府公共服务义务失责的产物，背后也有我国发展阶段、政治制度、财政体制等因素的综合作用。

第八章　基本公共服务供给的决策参与对农民工公平感的影响：双重机制

公共服务供给的根本目的是满足需求，尤其是党的十八大以来，学界的研究逐渐从政府的单一视角向公众需求视角扩散，公众需求开始成为基本公共服务有效供给的重要组成部分，相关研究也逐渐增多。① 与之相适应，学者们讨论了公共服务的供给体制、居民的需求表达等问题。例如，陈水生指出，对公共服务进行需求管理是服务型政府建设的新议程。作者指出，我国现有的公共服务忽视了民众需求偏好和需求管理，客观上导致供给不足与供需错位。因此，服务型政府建设要重视需求并强化需求管理，构建囊括需求调查、需求整合、需求传递与需求吸纳的需求管理体系，从而弥合供需间的错位，实现需求信息与服务决策的无缝对接。② 需求管理仍然是政府视角，本章中，我们着重讨论公共服务供给体制中农民工群体的决策参与，讨论决策参与之于农民工公平感的双重机制，并基于

① 郭小聪，朱侃．十八大以来基本公共服务研究的系统回顾与评估［J］．上海行政学院学报，2019（3）．

② 陈水生．公共服务需求管理：服务型政府建设的新议程［J］．江苏行政学院学报，2017（1）．

调研分析农民工决策参与的现状，提出对策建议。

第一节 传统公共服务供给体制亟待优化

一、传统基本公共服务供给体制导致供求匹配度不高

国外学者较早就研究了公共服务供给的需求导向和顾客导向。Osborne 和 Gaebler 主张政府在公共服务供给上有顾客意识，注重回应顾客的需求，以满足顾客多样化要求，并对顾客对政府回应性的满意程度进行绩效评估。① 反观国内，我国公共服务供给的需求导向和顾客导向还有较大提升空间。吴业苗关注“人的城镇化”目标下的公共服务供给侧改革。他指出，人的城镇化实践中公共服务供给存在总量不足、结构失衡、精准缺乏等问题，公共服务供给侧改革需要优化公共服务资源空间配置、提高公共服务共建能力、推进公共服务差别化供给、增加基本公共服务国家统筹、优化公共服务项目清单、防范公共服务供给风险。②

我国基本公共服务政策文本输出作为一种精英主导、行政支配、自上而下的福利赋予行为，缺少社会公众的有效参与。这种行政指令式的供给模式更多属于任务完成型，与实际需求对接较弱，对公众的需求感知较低。公共服务事务缺乏规范、开放的利益表达机制、

① 张楠迪扬．中国城市基层基本公共服务供给模式：特点、趋势与反思［J］．公共管理与政策评论，2018（1）．

② 吴业苗．“人的城镇化”困境与公共服务供给侧改革［J］．社会科学，2017（1）．

民主协商平台和社会参与网络，社会大众的公共服务诉求被“悬置”起来无法得到政府回应，市场主体和社会力量也被拒之于公共服务的大门之外，公共服务由此成为政府“一厢情愿”的单边行动。即便供需错位，更多只能被动地补救，即便能够作出调整，受益人也不是呼吁者本人，本身也不利于公共服务供给的动态优化。① 曹爱军指出，由于社会某些方面政策的长期缺位，导致公共服务的总量短缺和供需错配。他指出，我国公共服务提供在总体上是由政府部门垄断的，这种状况难以适应社会分化中产生的多样、异质的公共服务需求，容易造成公共服务供给的总量短缺和结构失衡，而且会对公共资源的有效配置、公共服务的均衡发展带来冲击。化解公共服务供需错配的结构性矛盾，增加公共服务的有效供给，需要强化供给侧管理。② 王玉龙和王佃利认为，当前基本公共服务的供给困境，实质在于缺少对公众基本公共服务真实需求的识别。因此，基本公共服务供给侧改革的目标导向，在于实现满足公众真实需求的精准供给。而基于大数据的数据治理对推进基本公共服务供给侧改革具有重要意义，原因在于，它有助于树立深入公众行为的需求识别理念，畅通双向的需求表达与识别制度，提供对差异化需求的精准识别技术，从而实现对公众真实需求的精准识别。③ 他们分析认为，需求识别存在理念缺失、技术制约、制度障碍和内容单一等问题。内容单一是指，由于技术、制度、观念等多方面原因，目前基

① 范逢春．新中国成立以来基本公共服务均等化政策的回顾与反思：基于文本分析的视角［J］．上海行政学院学报，2016（1）．

② 曹爱军．公共服务“供给管理”的逻辑与进路［J］．新疆大学学报（哲学·人文社会科学版），2017（1）．

③ 王玉龙，王佃利．需求识别、数据治理与精准供给——基于公共服务供给侧改革之道［J］．学术论坛，2018（2）．

本公共服务需求识别对个体和群体的差异性需求识别不足，而且主要集中在宏观层面，基于区域整体发展指标数据，遵循统一的基本公共服务供给范围、供给标准和政策原则。这通常导致“一刀切”的基本公共服务供给方式和区域间、群体间差异化的公共需求无法实现有效匹配。尽管也有一些公共服务项目在实施前采取基层调研、专题研究、咨询会、听证会等方式收集各种需求信息，但这种被动、单向度的信息调查模式仅仅是为既定的服务决策提供形式化的论证程序，收集的需求信息较为有限，难以全面反映真实需求，需求调查方式也跟不上时代要求和实践发展，存在滞后性、片面性和虚幻性。①

在自上而下的决策和供给体制下，对于农民工群体来讲，公共服务供给中的决策参与现状更不理想。虽然决策者通过各种机制了解需求，但相对来讲，这种了解是政府单向的需求调查，缺乏规范的制度保障，导致农民工群体事前决策参与相对缺乏。农民工群体只是在城镇常住，在城乡间往返，在不同的城市间流动，甚至频繁流动。《中华人民共和国 2017 年国民经济和社会发展统计公报》显示，全国人户分离的人口有 2.91 亿人，其中流动人口 2.44 亿人。农民工群体基本上都是人户分离，这就导致参与公共服务的供给决策更加被动。从农民工群体的实际情况看，农民工流动性大，工作时间长，可支配休闲时间少，交往封闭性强、圈子小。从居住模式看，一部分农民工居住在大型厂区，与外界相对隔离。这些客观实际都造成了决策参与的困难。由此导致，流动人口在公众参与的态

① 陈水生．公共服务需求管理：服务型政府建设的新议程［J］．江苏行政学院学报，2017（1）．

度上存在两个极端：一方面对公众参与的关心度比较高，但另一方面，公众参与的效能感较低，多数人不认为自己的话语和需求会对政府有关部门的决策产生影响。① 在缺乏实质性、制度化决策参与的供给体制下，农民工的决策参与处于无参与、形式化状态。

二、传统基本公共服务供给体制衍生出各种问题

公共服务供给的制度安排也在不断探索和创新，但相对于供需匹配的目标，还存在各种问题：第一，政府购买服务方式。它是把公共服务提供的某些或全部环节外包，这种方式更多地引入了需求方评价，这是强化公众知情、参与的一种方式。但供需匹配度的高低，关键在于政府如何对中标人提供的公共服务质量进行评价和验收。其实，中标人内在地倾向于迎合合同管理人的需求和偏好，如果合同管理人不能充分考虑公共服务受益人的需求满足度，则政府购买服务并不必然能提高公共服务供需的匹配度。第二，公共服务供给中引入政府绩效评价的公众参与。这本质上仍然是一种事后的评价和调整机制。公共服务的第三方评估并不是受益人直接参与决策，更多是从利益相关者角度征集利益诉求。即便是有改善空间，但供给存在周期，一经建设，调整存在困难。第三，“用脚投票”是一种滞后的反馈，并且，在当前我国的户籍和福利制度下，户籍转换相对并不容易，所以这种反馈机制并不怎么有效。第四，现实中也存在公共服务的自我供给，这种供给模式能够更贴合需求，灵活易调整，但是，这种形式在操作层面仍然受到很多限制，很难广泛

① 段成荣，段力刚．流动人口政治参与问题研究［J］．国家行政学院学报，2014（5）．

实施。

农民工群体对其务工地基本公共服务提供的意见和不满，其实包含有两种，而且通常是两种的叠加：其一是实际享有的公共服务与法律法规规定之间的差距；其二是现实中“实得”与主观的“应得”、期望、需要之间的落差。在以上两种不满之下，农民工的意见表达和反馈通常缺乏规范、顺畅、有效的渠道，基于法律法规对权利的规定以及自己对于法律规定的理解，主观上认定权利受损，通过法律、上访、集会等形式表达主张。

三、农民工在基本公共服务供给的决策参与亟待提升

农民工群体的政治参与愿望与政治参与水平有巨大反差。任中平和刘刚从国家、乡村和农民工自身三个层面分析了农民工政治参与的重要意义。就农民工自身而言，政治参与是他们维护自身权益、表达自身诉求的重要手段，有利于农民工走向政治成熟。① 邓秀华从政治认知水平、政治参与态度和政治参与行为三个方面进行分析，利用了长沙、广州两地农民工政治参与状况的调查数据，分析发现，农民工政治参与认知水平较高，对国家大事的关心程度较高，但政治效能感不强，对国家机关和人大代表的政治信任度不高，政治义务感不强；政治参与行为不容乐观，呈边缘化状态。② 王启明和张非凡于 2017 年 7 月至 2018 年 1 月对在黑龙江、山东、河南等地务工的农民进行问卷调查，在有效的 570 份问卷中，通过分析发现，农

① 任中平，刘刚．论构建和谐社会进程中的农民工政治参与——不可忽视的“四农”问题［J］．云南社会科学，2006（2）．

② 邓秀华．长沙、广州两市农民工政治参与问卷调查分析［J］．政治学研究，2009（2）．

民工不仅在城市中无法参与政治活动，同时在家乡也很难行使其政治权利。有 70.87%的农民工认为应当拥有务工所在城市的政治参与权，比如选举权、听证权；但 82.1%的农民工未曾参与过务工城市的公共事务。①

蔡梅兰对我国公众参与公共服务的实践进行了整体性分析，她认为，从实际效果和与国外成熟的公众参与体系相比，我国的公众参与不论是组织的形式、参与的程度、参与的广度深度等，大部分仍属于“形式性参与”，原因主要包括：政府现代公共服务理念薄弱，公众参与动力和能力不足，公众参与制度保障缺失，参与平台建设创新力度不够，公共服务信息公开不到位。②

与之相呼应，研究基本公共服务配置与社会公平感之间的关系，必然不能忽视决策参与因素在其间所发挥的作用。实际上，人们通常也关心基本公共服务配置中的知情和决策参与。

第二节　决策参与的双重属性及其对农民工社会公平感的影响

一、决策参与的工具理性及其对农民工社会公平感的影响

我们前面分析公平感的形成机制时着重指出，公平是社会比较

① 王启明，张非凡．当代农民工市民化转型中的政治参与度及提升路径［J］．改革与开放，2018（10）．

② 蔡梅兰．公众参与视角下提升公共服务有效供给的对策［J］．行政管理改革，2017（9）．

形成的，是“实得”与“应得”的比较。显然，自己的“实得”必然成为公平感的重要影响因素之一。通过决策参与，更直接地表达利益诉求，如果这种诉求表达能在某种程度上影响最终的分配结果，必然使自身获得相对更多的利益。同时，需求的特征是影响供给方式的重要因素，利益诉求的表达，也有助于优化供给的方式从而更好地满足需求。表达利益诉求，并非是简单地偏向自身利益，当事人同样会有社会公平的考虑。而且，不同的群体都表达利益诉求，必然有矛盾与冲突，而最后的决策，正是不同主张、意见博弈妥协的结果，使得各个群体的利益得到兼顾，各个群体实现“相对满意”和“相对公平”。正是在这个意义上，俞可平指出，投票选举和表达意见等公众参与行为，可以提高公共政策和公共生活的质量。①

那么，公共需求偏好的表达是否能够对地方公共品供给产生影响？或者说，公共服务供给中的决策参与是否确实能影响到供给分配？在西方的选举民主制下，地方主政官的选举、连任等基本由当地选民投票决定，因此，地方的公共服务供给显然需要充分考虑辖区居民的需求和偏好，也因此，辖区居民需求偏好的表达，能在一定程度上影响地方公共品供给的水平、方式、结构等。但毕竟中外有别，所处发展阶段不同，政治体制也有差异，作为中央集权型的单一制国家，我国居民的需求偏好表达是否会影响地方各类基本公共服务的配置或者说公共支出的结构？传统上，学者们主要研究中国式分权体制下，中央对地方、上级对下级的激励约束机制对地方公共支出结构的影响。李涛和周业安分析认为，中国的政治治理体制决定了地方公共支出并不直接反映当地居民的公共需求，只能依

① 俞可平．公民参与的几个理论问题［N］．学习时报，2006-12-18（5）．

靠中央政府调整政绩考评方式来引导地方政府重视当地居民福利。①不过，随着政绩考评内容的调整，中央政府对经济发展之外的社会稳定、社会保障等内容更加重视。一些研究也证实，民生考核权重的增加显著提高了地方政府对教育、医疗、环保等民生公共品的投入水平。②

越来越多的学者开始关注居民需求偏好的表达对地方公共支出结构的意向。谢舜和王天维利用2003—2016年中国30个省份的面板数据，实证检验了公众需求偏好表达对地方公共支出结构的影响，以及不同表达方式的影响是否具有异质性。他们区分了三种表达方式，分别是“用手投票”“用脚投票”和呼吁机制，研究发现，不同的表达方式对公共支出类别的影响存在显著差异，“用手投票”和“用脚投票”对维持性支出和民生性支出具有抑制作用，对生产性支出具有正向效应，与之相反，呼吁机制能够增进维持性支出和民生性支出，起到降低生产性支出的效果。③ 基于实证分析结果，他们认为，要重视公众需求偏好的变化，并且更要关注公众需求偏好表达机制的公平性与对称性；要加强制度建设，充分保障各类群体平等表达公共需求偏好的权利和机会。笔者认为，他们对不同表达方式代理指标的选择仍有缺陷，比如，他们把离开本人户籍所在地的居民占该地区常住人口的比重作为用脚投票的代理变量，结合现实来看，许多农民离开户籍地到外地务工经商，主要还是基于收入的

---

① 李涛，周业安．中国地方政府间支出竞争研究——基于中国省级面板数据的经验研究［J］．管理世界，2009（2）．

② 王询，孟望生，张为杰．财政分权、晋升激励与民生公共品偏向——基于全国省级面板数据的实证研究［J］．云南财经大学学报，2013（4）．

③ 谢舜，王天维．公众需求偏好表达对地方公共支出结构的影响——基于中国省级面板数据的经验证据［J］．云南财经大学学报，2018（7）．

考虑，主要并不是基于公共服务差异的考量。但是，必须承认，实证研究需求表达影响公共支出结构具有一定的开拓性。

学者们还进一步研究了需求表达影响地方政府公共支出的内在机理。谢舜和王天维还利用1998—2015年中国30个省份的面板数据进行了实证分析，结果发现，社会稳定方面的考核具有增加维持性和民生性支出，降低生产性支出的作用。这种影响与地方公众诉求表达能力有关，这是指，表达能力越强，越有可能增加维持性支出，纠正生产性支出偏向，解决民生投入不足的问题。① 因此，公众诉求的表达可以通过增强地方政府社会稳定考核来影响地方公共支出结构。范良聪和鲁建坤认为，公众呼吁具有信息供给的功能，可以引发中央政府启动监督机制约束地方政府的公共支出行为。②

因此，能够参与供给决策，表达内心诉求，是影响公共服务配置结构和效果的一个渠道，这是一种工具理性。

二、决策参与的价值理性及其对农民工社会公平感的影响

在主流经济学的分析范式中，效用函数的设定其实还包含了如下假设：人们的效用是结果导向的，至于结果产生的过程、程序是如何的，人们并不关心，因此决策过程、分配制度等不在经济学效用函数的考量之内。但近些年来，特别是伴随着行为经济学和实验经济学的不断发展，一些实验揭示，人们不但关心最终的分配结果，

① 谢舜，王天维．社会稳定考核对地方公共支出结构影响的实证研究［J］．中南财经政法大学学报，2018（1）．

② 范良聪，鲁建坤．退出、呼吁与地方公共事务治理：一个分析框架的建构［J］．浙江大学学报（人文社会科学版），2016（2）．

而且也会关心分配方案是如何制定的，这是一种程序效用。①

程序公平的研究表明，在决策过程中给公众更多的发言权，会提高他们对过程输出的满意度，并促使他们遵守所制定的决策。即便参与者的输入对政策结果没有实质影响，如果获得了发言权，他们仍然对过程感觉更好。② 许多实证研究发现，决策参与本身就能影响到人们的效用体验，并且，会在结果变量影响效用的过程中发挥调节变量的作用。例如，范柏乃和金洁的研究发现，公共服务供给侧的特征是公共服务感知绩效的主导因素，除此之外，良好的政府形象、深入的公众参与能促使公共服务供给更大程度上提升公共服务感知绩效。③ 郝身永利用 CGSS2006 的数据考察了改制改革满意度的决定。研究发现，收入、福利待遇提高和工作强度降低可以显著提高满意度，工作职位提升和工作标准方面约束程度下降对满意度的正向影响不稳健。重要的是，知情权和参与权的实现程度越高，满意度显著地越高，而这背后的内在机理，很可能就是决策参与所带来的程序效用。④

我们在调查中询问被调查者，是否愿意向政府反映自己的公共服务需求，从而影响政府的公共服务供给决策，在 695 个样本中，有 327 位表示“很愿意”，187 位表示“比较愿意”，分别占 47.05%

① 贺京同，那艺，郝身永. 决策效用、体验效用与幸福［J］. 经济研究，2014（7）.

② LIND E A，LISSAK R I，CONLON D E. Decision Control and Process Control Effects on Procedural Fairness Judgments［J］. Journal of Applied Social Psychology，1983，13（4）：338-350.

③ 范柏乃，金洁. 公共服务供给对公共服务感知绩效的影响机理——政府形象的中介作用与公众参与的调节效应［J］. 管理世界，2016（10）.

④ 郝身永. 个人损益、知情参与和改制改革效果评价［J］. 经济与管理研究，2015（2）.

和26.91%，合计有514位，占73.96%。当我们进一步追问他们为什么“很愿意”或“比较愿意”时，有174位表示“确实很想享受城市公平的公共服务”，有151位表示“因为这是作为城市一员最基本的权利”，有164位表示“以上两个原因都有”，分别占总样本的33.85%、29.38%和31.91%，选择“其他原因”的很少，仅25位，占4.86%。值得注意的是，除了想享受城市公平的公共服务，把反映公共服务需求影响公共服务决策视为城市一员最基本的权利的共有315位，占61.28%，充分反映了他们权利意识的提升，以及决策参与的价值理性。

在695个样本中，有76位表示“不太愿意”，有105位表示“无所谓”，分别占10.94%和15.11%。当追问他们为什么不太愿意或无所谓时，31位表示“主要关心工资收入，对公平的公共服务没那么看重”，占17.13%，76位表示“知道反映了也没什么作用，是做无用功”，占41.99%，42位表示“以上两个原因都有”，占23.20%，选择“其他原因”的有32位，占17.68%。由此可见，除少部分是因为对公平的公共服务没那么看重，合计有118位至少一部分原因是觉得反映的作用不大，占65.19%，并不是因为他们对公平的公共服务没有需求和诉求。

因此，决策参与本身也是一种内在诉求，本身就具有内在价值，能够获得一定程度的满足感和提升公平感。

第九章　政策启示

一、追踪农民工公共服务诉求的演变趋势，有针对性及时回应

农民工的公平感是通过社会比较得来的，是个人“实得”与主观认定“应得”的对比，而“应得”的多少，主要是基于与参照群体的比较，而参照群体又主要是基于农民工群体特征的演变。党的十八大以来，与农民工相关的顶层设计和地方实践创新不断涌现，乡村振兴战略、区域协调发展战略加快实施，城乡融合发展的体制机制和政策体系正在建立健全。许多现实情况正在发生新的变化。比如，农民工群体中年龄最小的一部分，自小随父母外出，已经有较多的“流动经历”，是成长乃至出生在城市的“外地人”，完全没有农村户籍地的生活和务农经历①，这必然影响其城市融入的意愿、预期以及对基本公共服务的需求。伴随着农民工群体特征的演变，一些农民工有了子女，在流入地有就读幼儿园的需要，但就读幼儿

① 有学者称之为“城市新生代”，以区别于在农村出生和长大然后进入城市务工的“农村新生代”。

园不属于义务教育阶段，务工城市的基层政府在支持农民工子女入园上财政压力更大。研究发现，一些农民工家庭迫于各种现实约束和压力，选择让子女在流出地接受义务教育，还出现了家庭内部多个子女分别在流入地和流出地入园入学的情况——“分离入学”，另外，还出现一些农民工子女因为父母在城市间流动而跟随父母频繁更换入学地——“流动入学”，再有，由于在“小升初”、在务工地高考等方面还有较高的政策门槛，一些农民工子女在父母流入地接受几年义务教育，然后在初中或高中阶段又返回到户籍所在地就读——“返乡入学”。

因此，相关部门可以通过大样本抽样调查，紧密追踪农民工群体务工城市、行业、工种等变化，居住方式变化，农村承包地、宅基地处置方式变化，享受子女教育、就医等公共服务的地点变化，比较对象、内容的变化，对务工城市享受基本公共服务诉求的变化，以及农民工群体分化对上述变化的影响，群体分化后各子群体在享受基本公共服务上的异质性，有针对性地及时回应，精准地进行政策调整和设计，以有效提升基本公共服务供给的供需匹配度和精准性，提升公共服务供给绩效，提升农民工享受基本公共服务的获得感和公平感。

二、提升公共支出占比，优化财政支出的多重结构

公共服务支出的数量多寡是公共服务充裕度的重要决定因素。目前我国公共服务的供给与包括农民工群体在内的居民公共服务需求还不匹配，但并不能简单地归咎为政府失责，与经济发展阶段、加速工业化使命下的政绩考评制度等因素密切相关。

其一，有必要在经济持续健康增长和财政实力增强的情况下，

适度提高公共服务支出占 GDP 和财政收入之比，强化公共服务投入的财政保障，避免公共服务提供“巧妇难为无米之炊”。既要量力而行，又要尽力而为。在经济面临新的下行压力之下，做好民生兜底工作更需要有针对性地增加公共服务支出，向包括农民工在内的特殊群体倾斜。

其二，要加快转变政绩考评制度改革与落实。过往的政绩考评把 GDP 的增速作为最核心的目标，它能有效激励经济增长，但也有伴生问题，比如财政支出较多地偏向于经济建设类支出，民生类公共服务支出相对不足。其实，政绩考评是必要的，考评制度本身不是问题，关键是考评什么，如何考评，考评的结果如何使用。因此，要把民生改善、社会和谐、基本公共服务均等化等内容科学合理地纳入考评指标体系，并监督、督促落到实处。

其三，要加快优化中央与地方、地方不同层级政府间财政事权与支出责任。一方面，要进一步加强中央政府承担基本公共服务的职责，强化中央财政的统筹功能，加大对财政实力偏弱地方财政支出力度，尤其是财政实力差的县市农村公共服务供给的支持；另一方面，在地方政府不同层级之间，加强省级、地市级在基本公共服务支出中的负担比例，强化省级、地市级的统筹功能，缩小县级政府间财政实力的较大差距，进而缩小基本公共服务的各种不均衡。

其四，加大对农民工务工城市提供基本公共服务的财政支持力度，主要依据常住人口数而不是户籍人数进行财政资源匹配。搭建信息收集和动态更新的平台，在全国范围内加强统筹，并依据农民工群体的流动进行动态调整。

三、多渠道有效提升农民工在基本公共服务供给中的决策参与

（一）建设服务型政府：从提供者视角转向受益者视角

评估公共服务供给绩效的重要标准之一是有效性。单纯自上而下的供给模式将不能满足日益多元的公众需求，包括农民工群体的需求。加之经济发展与社会变迁，农民工对政府公共服务的期望显著提高，这对政府回应多元化的需求提出了更高要求。美国 1993 年通过《政府绩效与结果法案》，以立法形式将结果导向的绩效评价上升到制度层面，并且颁布了第 12826 号行政命令——“设置顾客服务标准”，要求所有向公众直接提供服务的联邦机构都要识别顾客，了解顾客所需，并公布服务标准、对其提供的服务进行测量，这一行政命令明确了政府公共服务的顾客导向和结果导向。刘淑妍和王欢明对国外公共服务绩效评价相关研究进行了系统的综述，公共服务绩效评价的价值理念由最初追求公共服务的过程和效率转变为以公民和结果为导向；绩效评价的方法由最初的单纯衡量成本和效率发展到关注测量效益、公众参与、公平等体现公民满意度内涵的综合评估方法；评价指标由侧重过程类指标演变为兼顾过程和结果类指标。① 我国的公共服务供给理念也在朝着上述发展方向转变。这种公共服务的供给导向，正是从供给端转向需求端，从提供者视角转向受益者视角。公共服务供给转向需求导向、问题导向，也是建设服务型政府的本质要求。

---

① 刘淑妍，王欢明．国外公共服务绩效评价的研究发现及对我国的启示［J］．国外社会科学，2013（3）．

基本公共服务供给的充裕、均衡、普惠和可及，很大程度上受制于对需求信息是否充分了解。让农民工更多地进行需求表达、整合，政府有针对性地进行回应，相比事后的绩效评估，事前的表达更充分。事前的正向表达有助于减少事后的负向反馈，它是从事后的补救走向事前的决策科学化。决策参与的目的是提高决策的科学化水平，考虑需求在未来一定时期的动态变化，识别需求中的合理需求、超前需求和过度需求，考虑各群体需求的异质性，使供需能够更加匹配，最终提高农民工的公平感和获得感。决策和供给体制的改变，是从事前、事中到事后农民工利益诉求的全流程参与，有制度化的保障机制。它强调从信息搜集、需求整合、供给决策到服务供给和评估反馈等环节，从而使得供给更加精准。以上海市的长桥街道为例，群众代表通过协商提出公共服务需求，由政府牵线整合辖区资源提供服务，通过第三方对公共服务的执行进行监督和评估。①

（二）加强政策宣传引导，创设适宜的参与方式

我们调查了农民工反映公共服务诉求或表达对公共服务供给不满的情况分布，描述性统计见表 9.1。关于自己是否反映过公共服务需求或表达过对公共服务提供的不满，有 448 位表示“没有”，占 57.41%，所占比例较高，周围的人有 39.57%的人没有反映诉求或表达不满，同样不低。另外，在反映过诉求或表达过不满的各种方式中，自己跟身边的人抱怨占较高的比例，达 16.40%，周围的人通过跟身边的人抱怨表达不满占比更高，达 31.08%。

① 李德．公共服务供给应注重“耦合度”［N］．人民日报，2015-12-22（5）．

表 9.1 关于是否反映过诉求或表达过不满的描述性统计

是否反映诉求或表达不满	自己		周围的人	
	样本量	占比（%）	样本量	占比（%）
没有	399	57.41	275	39.57
有，参加过政府有关部门组织的座谈会	69	9.93	77	11.08
有，在网上留言	139	20.00	171	24.60
有，直接找相关部门反映意见	44	6.33	79	11.37
有，参加游行	25	3.60	40	5.76
有，跟身边的人抱怨	114	16.40	216	31.08
有，其他	83	11.94	122	17.55

数据来源：根据我们自己组织调查的资料整理。

在调查中，当问及什么方式对表达需求改善供给最有效时，认为“都没啥用，要靠政府推才行”的有 348 位，占 50.07%；在我们的调查中，还设计了“个人最想通过什么方式向政府反映公共服务需求”的问题，其中，“不想反映，觉得没用”的有 188 位，占 27.05%。由此可见，农民工的决策参与水平较低，首先在心理认知上有固化印象，觉得起不到什么作用。因此，为增强农民工的决策参与，首要是加强政治宣传。

从决策参与的方式看，周义程提出，公民参与工具主要有关键公众接触法、由公民发起的接触、公民调查、新沟通技术等。① 傅广宛等利用中部六省的问卷调查数据，发现就参与渠道和方式而言，

① 周义程．公共服务供给中公民参与有效性的提升路径——基于目标—因素匹配模型构建维度的考量［J］．公共管理与政策评论，2016（5）．

互联网参与的偏好远高于热线电话参与。① 在我们的调查中，表达诉求或不满的渠道中，个人认为有效的方式中，“直接找相关部门领导反映”有186位，占26.76%；“通过游行等方式引起政府重视”有55位，占7.91%；“通过人大代表、政协委员去反映”有208位，占29.93%；“参加政府在网上发布的意见征集”有241位，占34.68%；“在网上制造‘热点’，引起社会广泛关注”有128位，占18.42%。从中可见，农民工群体对于通过人大代表、政协委员去反映诉求，参加政府在网上发布的意见征集这两种制度化的参与方式比较认同。关于个人最想通过什么方式向政府反映公共服务需求，调查结果显示，“不想反映，觉得没用”的有188位，占27.05%；“直接找相关部门领导反映”有187位，占26.91%；通过游行等方式引起政府重视，有59位，占8.49%；通过人大代表、政协委员去反映有184位，占26.47%。“在网上制造‘热点’，引起社会广泛关注”有140位，占20.14%；“参加政府在网上发布的意见征集”有304位，占比高达43.74%。同样可以发现，“通过人大代表、政协委员去反映”的占26.47%，“参加政府在网上发布的意见征集”高达43.74%，表明农民工群体希望通过互联网手段表达诉求。从客观上讲，随着智能手机的普及，农民工群体尤其是新生代农民工的互联网普及率已经较高，基本上都是通过智能手机这种方式接入网络，基本都在使用微信、QQ等社交软件。伴随着信息化的发展，城市公共服务政务平台的推广，公众与政府之间更为紧密的信息连接和互动成为趋势，公众参与获得了更加便利的渠道，并从传统的“静态

① 傅广宛，张继平，傅雨飞．政府制定中的公民参与：途径、偏好与绩效——基于社会性别主流化的视角［J］．江汉论坛，2008（2）．

信息传播”逐步发展为政府与公众间广泛互动的“动态模式”。因此，增强农民工的决策参与，应该适应这种变化，以农民工愿意接受的方式征集诉求，选择合理有效的方式，注重方式的多元化和丰富性，提高需求表达的精确性和需求表达的质量。同时，对人大代表制度、工会组织制度、听证制度等进行适应性改革，充分发挥农民工在其中的诉求表达和决策参与作用。

（三）进一步完善决策参与的制度保障，提升决策参与实效

集群行为与正式的利益表达渠道不完善和对正式渠道不信任有关。决策参与行为有正式的、制度化的参与制度和机制，又有自发的、非正式的、非制度化的参与渠道。以往研究发现，制度化的参与更能够起到沟通的效果。孙中民将农民政治参与区分为制度化参与和非制度化参与，非制度化参与具有动机方面的“狭隘性”，参与手段方面的极端化与非理性，参与过程方面的无序化和非组织化；而制度化参与则具有参与从无序向有序发展、注重参与的实际效果、注重参与“投入与产出”的比率等特点。①

近年来，不少城市基层政府进行前端创新，设计感知公众需求、获取民意的制度，并以公众的实际需求为基础，设计公共服务种类与具体供给方式。② 但是，这更是地方上的具体创新，还缺乏整体上制度化的保障，座谈会、听证等参与渠道还缺乏完善的法律规范等制度保障。

在决策参与的制度化保障方面，尤为关键的是，对于公众的意

① 孙中民．从非制度化到制度化——农民工政治参与模式的变迁［J］．江西社会科学，2007（4）．

② 张楠迪扬．中国城市基层基本公共服务供给模式：特点、趋势与反思［J］．公共管理与政策评论，2018（1）．

见，要有制度化的回应机制，通过制度化的回应机制，提高农民工的参与质量，最终提高农民工参与的积极性。与工具理性与价值理性相对应，要有两种制度作为保障。这是指，与价值理性相对应，要从法律法规上进行制度保障，并通过各种宣传提升公民的权利意识和参与意识。与工具理性相对应，要从制度上保障参与的效果，提高参与回应。在制度化回应方面，其一，充分考虑农民工群体复杂、多样化意见的梳理与整合。其二，不能片面地停留在追求回应率上，还要考核和关注回应质量。在兼顾以上两个方面的情况下，基于工具理性和价值理性的制度保障具有正反馈机制，使二者相互促进，一方面通过决策参与优化配置结构和供需匹配度，另一方面，决策参与的实效能进一步激发农民工决策参与的积极性。

附录：调查问卷

这个调查不记名，纯粹是为了做一项学术研究，请您表达真实想法即可。感谢您的大力支持。

1. 您是什么时候出生的？[单选题] *

○1980 年以前

○80 后（1980—1989 年）

○90 后（1990—1999 年）

○00 后（2000 年及以后）

2. 您是什么学历？[单选题] *

○初中或初中以下

○高中或相当于高中（中专等）

○大专或大专以上

3. 您的性别？[单选题] *

○男

○女

4. 你在哪个城市工作？[单选题] *

○北京、上海、广州、深圳

○杭州、苏州、天津、武汉、郑州、长沙、南京、沈阳、大连、

厦门、宁波、无锡、重庆、成都、西安

○其他

5. 您自己有没有子女在上幼儿园？[单选题] *

○有

○没有（请跳至第7题）

6. 您自己的子女在哪里上幼儿园？[单选题] *

○在老家上

○在我工作的城市上

○子女有多个，有的在老家上，有的在我工作的地方上

7. 您自己有没有子女在上小学或初中？[单选题] *

○有

○没有（请跳至第9题）

8. 您自己的子女是在哪里上小学或初中？[单选题] *

○在老家上

○在我工作的城市上

○子女有多个，有的在老家上，有的在我工作的地方上

9. 在您的老家，新农合和城镇居民基本医疗保险有没有合并在一起，变成城乡居民基本医疗保险？[单选题] *

○合并了

○还没有

○不清楚

10. 您在老家有没有参加新农合或城乡居民基本医疗保险？[单选题] *

○参加了

○没参加

○不清楚

11. 您现在工作的单位有没有给您交医疗保险？[单选题] *

○交了

○没有交（请跳至第 13 题）

○不清楚（请跳至第 13 题）

12. 现在工作单位给你交的是城镇职工基本医疗保险还是城镇居民基本医疗保险？[单选题] *

○城镇职工基本医疗保险

○城镇居民基本医疗保险

○不清楚

13. 您认为在城市工作时，享受公平的公共服务（医保、子女教育等）重要吗？[单选题] *

○非常重要

○比较重要

○不太重要

○不重要

○无所谓

14. 您在城市工作，主要关心什么？[单选题] *

○收入和公共服务都很重要

○收入是主要的，公共服务是次要的

○公共服务是主要的，收入是次要的

○无所谓，没考虑这么多

15. 你觉得在城市工作时享受到的医疗、教育等公共服务公平吗？[单选题] *

○很公平

○比较公平

○一般

○不太公平

○很不公平

16. 在收入和城市公共服务之间，您愿意选哪个？[单选题] *

○宁愿工资高，公共服务无所谓

○宁愿享受公平的公共服务，工资低点儿也行

○收入和公共服务要兼顾

17. 在城市怎样的公共服务才是公平的？您会考虑与谁比？（可多选）[多选题] *

□与在农村老家能享受到的公共服务进行比较

□与城市户籍居民能享受到的公共服务进行比较

□与同事能享受到的公共服务进行比较

□与生活中接触到的人享受的公共服务进行比较

□与自己所期望和需要的公共服务进行比较

18. 在城市务工时，是否愿意向政府反映自己的公共服务需求，影响政府的公共服务供给决策？[单选题] *

○很愿意

○比较愿意

○不太愿意（请跳至第 20 题）

○无所谓（请跳至第 20 题）

19. 为什么觉得“很愿意”或“比较愿意”？[单选题] *

○确实很想享受城市公平的公共服务 * * 填写完该题，请跳至第 21 题。

○因为这是作为城市一员最基本的权利 * * 填写完该题，请跳

至第 21 题。

○以上两个原因都有＊＊填写完该题，请跳至第 21 题。

○其他原因＊＊填写完该题，请跳至第 21 题。

20. 为什么觉得“不太愿意”或“无所谓”？［单选题］＊

○主要关心工资收入，对公平的公共服务没那么看重

○知道反映了没什么作用，是做无用功

○以上两个原因都有

○其他原因

21. 你过去是不是反映过公共服务的需求或表达过对公共服务提供的不满？（可以多选）［多选题］＊

□没有

□有，参加过政府有关部门组织的座谈会

□有，在网上留言

□有，直接找相关部门反映意见

□有，参加游行

□有，跟身边的人抱怨

□有，其他

22. 你周围的人是不是反映过对公共服务的需求或表达过对公共服务提供的不满？（可以多选）［多选题］＊

□没有

□有，参加政府有关部门组织的座谈会

□有，在网上留言

□有，直接找相关部门反映意见

□有，参加游行

□有，跟身边的人抱怨

□有，其他

23. 要想让城市公共服务更公平，哪些方式最有效？（可以多选）[多选题] *

□都没啥用，要靠政府推动才行

□直接找相关部门领导反映

□通过游行等方式引起政府重视

□通过人大代表、政协委员去反映

□参加政府在网上发布的意见征集

□在网上制造“热点”，引起社会广泛关注

24. 您最想通过什么方式向政府反映公共服务需求？（可以多选）[多选题] *

□不想反映，觉得没用

□直接找相关部门领导反映

□通过游行等方式引起政府重视

□通过人大代表、政协委员去反映

□在网上制造“热点”，引起社会广泛关注

□参加政府在网上发布的意见征集

参考文献

[1] 国家卫生计生委统计信息中心 .2013 第五次国家卫生服务调查分析报告 [M]. 北京：中国协和医科大学出版社，2015.

[2] 国家卫生健康委统计信息中心 . 全国第六次卫生服务统计调查报告 [M]. 北京：人民卫生出版社，2021.

[3] 贺京同，那艺 . 行为经济学：行为、互动与宏观行为 [M]. 北京：中国人民大学出版社，2015.

[4] 陈水生 . 公共服务需求管理：服务型政府建设的新议程 [J]. 江苏行政学院学报，2017 (1).

[5] 邓睿，冉光和 . 两代农民工的社区公平感有何不同？——农民工融入城市社区背景下的经验研究 [J]. 公共管理学报，2017 (1).

[6] 杜巍，杨婷，靳小怡 . 中国城镇化背景下农民工公共服务需求层次的代次差异研究 [J]. 西安交通大学学报 (社会科学版)，2016 (3).

[7] 范柏乃，金洁 . 公共服务供给对公共服务感知绩效的影响机理——政府形象的中介作用与公众参与的调节效应 [J]. 管理世界，2016 (10).

[8] 李秀玫，桂勇，黄荣贵 . 政府基本公共服务供给与社会公平感——基于 CGSS2010 的研究 [J]. 社会科学，2018 (7).

[9] 刘欣，胡安宁．中国公众的收入公平感：一种新制度主义社会学的解释［J］．社会，2016（4）．

[10] 贺京同，郝身永．怎样才能使落脚城市人群更幸福？——基于CHIPS数据的实证分析［J］．南开经济研究，2013（6）．

[11] 贺京同，那艺，郝身永．决策效用、体验效用与幸福［J］．经济研究，2014（7）．

[12] 黄祖辉，胡伟斌．中国农民工的演变轨迹与发展前瞻［J］．学术月刊，2019（3）．

[13] 江依妮，张光．财政资源错配：户籍区隔下的地方公共服务供给［J］．经济体制改革，2016（4）．

[14] 马磊，刘欣．中国城市居民的分配公平感研究［J］．社会学研究，2010（5）．

[15] 那艺，贺京同．行为经济学的兴起及其与新古典经济学关系的演变［J］．中国社会科学，2019（5）．

[16] 刘传江．新生代农民工的特点、挑战与市民化［J］．人口研究，2010（2）．

[17] 吕炜，王伟同．发展失衡、公共服务与政府责任——基于政府偏好和政府效率视角的分析［J］．中国社会科学，2008（4）．

[18] 容志．公共服务支出的测算与比较［J］．上海行政学院学报，2017（5）．

[19] 孙中民．从非制度化到制度化——农民工政治参与模式的变迁［J］．江西社会科学，2007（4）．

[20] 王春光．新生代农村流动人口的社会认同与城乡融合的关系［J］．社会学研究，2001（3）．

[21] 王甫勤．新生代与传统农民工社会公平感影响因素研究

[J]. 中国人口科学，2016 (5).

[22] 王阳亮. 公共服务供给的瓶颈与绩效特征 [J]. 改革，2017 (5).

[23] 王玉龙，王佃利. 需求识别、数据治理与精准供给——基于公共服务供给侧改革之道 [J]. 学术论坛，2018 (2).

[24] 杨菊华，吴敏，张娇娇. 流动人口身份认同的代际差异研究 [J]. 青年研究，2016 (4).

[25] 张春霖. 公平何处求？——"质疑改革年"过后的思考 [C] //吴敬琏. 比较（第 23 辑）. 北京：中信出版社，2006：69-86.

[26] 周义程. 公共服务供给中公民参与有效性的提升路径——基于目标—因素匹配模型构建维度的考量 [J]. 公共管理与政策评论，2016 (5).

[27] ADAMS S. Towards an Understanding of Inequity [J]. The Journal of Abnormal and Social Psychology, 1963, 67 (5): 422-436.

[28] CLARK A E, SENIK C. Who Compares to Whom? The Anatomy of Income Comparisons in Europe [J]. The Economic Journal, 2010, 120 (544): 573-594.

[29] KAHNEMAN D, TVERSKY A. Prospect Theory: An Analysis of Decision under Risk [J]. Econometrica, 1979, 47 (2): 263-292.

[30] LIND E A, LISSAK R I, CONLON D E. Decision Control and Process Control Effects on Procedural Fairness Judgments [J]. Journal of Applied Social Psychology, 1983, 13 (4): 338-350.

[31] SENIK C. Direct Evidence on Income Comparisons and Their Welfare Effects [J]. Journal of Economic Behavior and Organization, 2009, 72 (1): 408-424.

后　记

本书的研究主题和研究内容可以说是我博士期间主要工作的延伸和拓展。之所以这么说，一层原因是，在南开大学经济研究所就读博士期间，师从贺京同教授主要从事行为经济学方向的研究，并在行为经济学的理论下完成了一些主观幸福感的研究。本书聚焦农民工这一重要群体并关注其公平感，公平感与幸福感同为主观感知，它们在测度方法、形成机制等方面具有共同或类似之处，相关研究互有启发，可以说，博士期间的研究是完成本书的重要基础。更重要的一层原因是，本书的理论探讨深受行为经济学“参考点依赖”“不均等厌恶”“损失规避”等经典理论的启发，并且尝试坚持面向真实世界这一研究导向。研究农民工的公平感时，注重辨析公平的深刻含义进而剖析公平感的生成机制，而这二者又是密不可分的，这是指，不理解公平的复杂多重含义及其在特定语境、领域中的具体含义，则剖析公平感的形成机理就是无本之木、无源之水。本书把公平感视为经济学广义效用的一种，从“实得”与基于社会比较所形成的“应得”的比较理解公平感的产生，则是直接得益于行为经济学和实验经济学的学习。如此，才能为经验发现和实证分析奠定较为坚实的理论基础，从而面向真实世界，力避“为模型而模型”

的研究风气，避免实证研究中“拷打数据”的现象。

本书是在我主持的国家社科基金青年项目“基本公共服务的配置结构、决策参与与农民工公平感关系研究”（批准号：14CSH034）相关研究和课题报告基础上完成的。上海社会科学院经济研究所文雯博士作为课题组成员，为课题研究提供了大力支持。在课题研究报告撰写过程中，南昌大学公共管理学院梁波教授、上海师范大学哲学与法政学院冯猛副教授、同济大学政治与国际关系学院孙明副教授和华东理工大学社会与公共管理学院叶敏副教授等学友提出了宝贵的修改建议。我的硕士生胡宇曦也协助做了不少工作。在此一并致谢。

郝身永

2021 年 9 月